圣诞忆旧集

A Christmas Memory

纪念版

[美国] 杜鲁门·卡坡蒂 著

潘帕 译

译林出版社

图书在版编目（CIP）数据

圣诞忆旧集：汉文、英文 /（美）杜鲁门·卡坡蒂（Truman Capote）著；潘帕译.—南京：译林出版社，2024.1

书名原文：A Christmas Memory

ISBN 978-7-5447-9015-4

Ⅰ.①圣… Ⅱ.①杜… ②潘… Ⅲ.①短篇小说-小说集-美国-现代-汉、英 Ⅳ.①I712.45

中国国家版本馆 CIP 数据核字（2024）第 006653 号

著作权合同登记号　图字：10-2021-302 号

圣诞忆旧集　[美国] 杜鲁门·卡坡蒂 / 著　潘帕 / 译

责任编辑　於　梅
装帧设计　胡　苨
责任印制　颜　亮

原文出版　The Modern Library, 1996
出版发行　译林出版社
地　　址　南京市湖南路 1 号 A 楼
邮　　箱　yilin@yilin.com
网　　址　www.yilin.com
市场热线　025-86633278
排　　版　南京展望文化发展有限公司
印　　刷　江苏凤凰新华印务集团有限公司
开　　本　880 毫米 ×1230 毫米　1/32
印　　张　6.625
插　　页　4
版　　次　2024 年1月第 1 版
印　　次　2024 年1月第 1 次印刷
书　　号　ISBN 978-7-5447-9015-4
定　　价　56.00 元

一个圣诞节的回忆

想象十一月末的一个清晨，二十多年前一个冬日早晨的来临。想象一个乡村小镇上一爿老宅中的厨房。厨房里最醒目之物是一个黑色大烤炉。此外还有一面大圆桌和一个壁炉，壁炉前放了两把摇椅。就是从那天开始，壁炉开始了这一季的低吟。

厨房的窗前站着一个妇人，白发剪得很短，脚上一双网球鞋，夏天的花布裙外罩了件没有形状的灰色毛衫。她娇小灵活，像只矮脚母鸡。不过，因为年轻时的一场久病，肩背变成令人遗憾的微驼。她的脸很特别，有点像林肯，像他的一样嶙峋，而且染了风霜日晒的颜色，可同时又有点娇气，骨骼匀细；眼睛是雪莉酒的黄褐色，目光惊怯。“哦天，”她欢快地喊道，气息吹蒙了窗玻璃，“做水果蛋糕的天气到了。”

她这句话是冲着我说的。那时我七岁，她六十来岁。我们是表亲，很远的那种。我们一直生活在一起，从我记事起就是。老宅里还住了其他人，都是亲戚，他们比我们强大，经常弄得我们哭。我们呢，总的说来不太在意他们。我们是彼此最好的朋友。她叫我巴迪[①]，这个名字是为了纪念她以前最好的朋友。那个巴迪死在1880年代，她那时还是个小孩。她现在仍是个小孩。

“我还没起床就知道了。”她说，从窗边转过身来，眼神喜悦而果决。“法院的钟声又冷又脆，听不到鸟叫，它们都去了温暖的地方。确实是的。哦，巴迪，别再往嘴里塞面饼[②]了，去找我们的小车，帮我找下帽子。我们要烤上三十个蛋糕。”

总是这样：十一月的某个清晨来临，我朋友被点燃了内心的火焰，想象力也因之欢腾，似乎是为了给

---

① 英文原文是 Buddy，是伙伴、兄弟的意思。

② 美国人的 biscuit 并不是我们通常说的饼干，而是一种不用酵母发酵，只在面粉中添加烘焙粉或苏打粉烤出来的软面饼，类似于面包。

一年的圣诞季节致以正式的欢迎辞，她大声宣布说："做水果蛋糕的天气到了！去找我们的小车。帮我拿帽子来。"

帽子找到了，一顶浅顶宽檐大草帽，装饰着已经褪色的天鹅绒野玫瑰，是一个时髦的亲戚以前用过的。于是，我们一起推了小车，一辆很破败的婴儿车，出了园子，去到一个山核桃果园。这辆车是我的，就是说，是在我出生时为我买的。柳条编的，都快散开了，轮子颠得像醉鬼的腿。可它一直很管用；春天我们推着它去树林，装满鲜花、草药和野蕨，好插到前廊的花罐里；夏天我们在里面放上野餐的行头和钓鱼的甘蔗秆，推着它来到小溪边；冬天它也自有用场，作为货车把柴火从院子里运进厨房，作为奎妮一张温暖的床。奎妮是我们了不起的黄白毛捕鼠狸，她挺过了一场瘟疫和两次响尾蛇的噬咬，现在一路小跑跟在小车旁。

三小时后我们回到了厨房，开始给那满满一车风吹自落的山核桃去壳。我们捡得背都疼了，那些核桃好难找啊（大部分果实都被摇了下来，给果园主人拿去卖了，而果园的主人不是我们）：树叶会将它们掩盖，而霜打过的草也会混淆我们的视线。咔嘣！嘎吱！欢快的裂壳声像是一片微弱的雷鸣。很快，那香甜油亮的象牙般的核桃肉便在牛奶玻璃碗[①]里堆成了金灿灿的小山。奎妮过来讨吃，我朋友时不时悄悄地塞给她一小粒，可是坚持我们自己不能尝。“我们不能这样，巴迪。一旦吃起来就停不住。本来就不太够。要做三十个蛋糕呢。”厨房里暗了下来。暮色把窗玻璃变成一面镜子：我们在壁炉的火边干着活，而我们的影子和初升的月亮交融在一起。最后，月亮升得老高了，我们把最后一片壳扔进火里，一起打着呵欠，看它烧起来。小车空了，碗却装得满满的。

我们边吃晚餐（冷面饼、火腿和黑莓酱）边讨论明天的事情。明天要做的是我最喜欢做的：买东西。樱桃和香橼、生姜和香草、夏威夷菠萝罐头、干果皮、葡萄干、胡桃和威士忌，哦，还有那么多面粉、黄油，那么多鸡蛋、香料、调味料；噢，我们需要一匹小马才能把车拉回家。

---

① 牛奶玻璃是一种乳色半透明的玻璃，发明于十六世纪的威尼斯，乳色效果是向原料中添加二氧化锡所致。

但去买之前，还得解决钱的问题。我们俩谁都没有。除去家里的人偶尔给的一点零钱（一角都算是大数目了），还有就是我们自己捣鼓各种营生赚来的：卖旧货，卖一桶桶手摘的黑莓、一罐罐自制的果酱、苹果冻和桃干，还为葬礼和婚礼采集鲜花。有一次我们在全国橄榄球赛上赢到了第七十九名，得了五元钱，并不是因为我们了解一丁点橄榄球，只是我们参加各种我们听说的竞赛。那时我们的希望集中在为一个新的咖啡牌子取名的五万元大奖上（我们提议叫“A.M.”，因为我朋友害怕这样会渎神，所以一番犹豫之后，才给出广告语：“A.M.！ 阿门！”）。说实话，我们真正赚钱的生意是两年前的夏天在后院木棚里开设的“妙趣与奇观博物馆”。“妙趣”是一台实体幻灯机，里面存有华盛顿和纽约风景的连续幻灯片，是去过那些地方的一个亲戚借给我们的（她发现我们借用的原因后大为光火）；“奇观”是我们自己的母鸡孵出的一只三条腿小鸡崽。周围每个人都想来看看这个小鸡崽，我们收大人五分，小孩两分的参观费。等到博物馆因为主要参观对象的病亡而被迫关门时，我们足足赚了二十元。

我们每年都想方设法凑足了这笔圣诞节储蓄，水果蛋糕基金。这些钱我们藏在一个古老的缀珠钱包里，钱包在一块松动的地板下，地板上压着一个夜壶，夜壶上面是床。我们绝少把钱包从那安全的藏匿点拿出来，除了放钱进去的时候，或者每星期六的那次提款。因为星期六我可以拿一角钱去看电影。我朋友从来没去看过电影，她也不打算去："我宁愿你讲给我听，巴迪。这样想象的余地更大。再说，一个像我这么大年纪的人不应该不知爱惜地用眼。上帝来时，我可以看清点他。"除去从没看过电影之外，她从未做过的事情还有：下馆子，出门五英里远，收发电报，阅读《圣经》和报纸漫画版以外的东西，化妆，被诅咒，诅咒别人，故意撒谎，让一条饿狗饿着肚子走开。而下面则是一些她做过，确实做过的事情：用锄头打死一条本县人见过的最大的响尾蛇（十六节）[①]；吸鼻烟（偷偷地）；驯养蜂鸟（试试而已），直到它们立在她的手指上；讲吓人的鬼故事（我们都相信有鬼），让人在七月天也感到

① 响尾蛇尾部的响铃由若干鳞片组成，每蜕一次皮便增加一片，十六节有十六片鳞片。

寒意；自言自语；在雨中漫步；种出全城最美的日本山茶；知道每一种印第安老药方，包括一种神奇的除疣方。

现在，吃过晚饭，我们回到我朋友的房间，在房子比较偏的位置，里面她睡的铁床被漆成玫红色，她喜欢的颜色，上面盖了一床百衲被。我们默不作声，沉湎在密谋的快乐中，从秘密的藏匿处把缀珠钱包取出来，把其中的内容倾在被子上：紧紧卷裹的一元钞，绿如五月的苞芽；暗色的五十分币，重到可以压覆逝者的眼；漂亮的一角银币最活泼，响声真叫清脆；五分币和二十五分币被磨得像溪水中的卵石一样滑；可最多的是散发出苦味的一分币，堆了可恨的一堆。去年夏天这所房子里的其他人跟我们讲好，每打死二十五只苍蝇，他们付我们一分。哦，那场八月屠杀！飞去天堂的苍蝇们！这样的工作不会让我们觉得有面子。并且，我们数钱的时候，感觉像在数苍蝇的尸体。两个人都没有数字头脑。我们慢慢数着，数忘了，又重新开始。她数的结果是12.73元，我数到最后是整13元。“我真希望是你算错了，巴迪。我们不能在‘十三’上面含糊。蛋糕会散掉。要不就会把什么人送进坟墓。哎，我从来没想过要在十三号起床活动。”这是真的，她总是在床上度过十三号。因此，为了安全起见，我们拿掉一分钱，把它抛出窗外。

水果蛋糕所包含的各种成分里，威士忌最贵，也最难弄到，因为州法律禁止酒类销售。但谁都知道哈哈·琼斯先生那里有卖。第二天，在采购完了那些较平常的原料后，我们出发去哈哈先生的店，那是河岸远处一个罪孽深重的（据公众看法）、供应炸鱼宴[①]的跳舞酒吧。出于同样的使命，我们以前去过那里；但前面几年我们只是找哈哈的妻子办事。她是一个紫棠面皮、黄铜色漂发、总是一副倦态的印第安女人。实际上，我们从未跟她丈夫照过面，只是听说他也是个印第安人，脸颊上有几道剃刀疤的巨人。他们叫他哈哈是因为他很阴沉，从来不笑。我们朝他的酒吧走去（一个大木屋，里里外外挂满一串串花花绿绿的裸灯灯泡，坐落在河边泥

① fish-fry 是一种以炸鱼为主，佐以炸玉米饼，炸薯条，卷心菜色拉的餐食。在美国南部，也指一种家庭或亲友聚会，聚会时吃的就是炸鱼宴。

岸上的树荫里，灰雾一般的青苔浮漫在树枝间），脚步慢了下来。奎妮也黏在我们身边，不再欢蹦跳跃。哈哈的酒吧里有人被谋杀。被切成了块。头部遭袭。下月还有个案子要开庭。自然，这些事情都发生在夜晚，在彩色灯泡涂抹疯狂图案、留声机发出凄厉哀号之际。白天哈哈的酒吧破败而荒凉。我敲了敲门，奎妮吠了几声，我朋友喊道："哈哈夫人，太太？有人在家吗？"

脚步声。门开了。我们的心都翻了个。那是哈哈·琼斯先生本人！他是个巨人，脸上确实有疤，也不笑。不，他那撒旦似的斜挑眼怒视着我们，大声发问："你们来哈哈买什么？"

有一会儿我们吓得说不出话。然后我朋友终于出了点声，但也大不过耳语："哈哈先生，如果可以，我们想要您一夸脱最好的威士忌。"

他的眼睛挑得更斜了。你能相信吗？哈哈在咧嘴笑，又哈哈大笑。"你们当中谁是喝酒的那位啊？"

"我们要做水果蛋糕。哈哈先生。是出于烹饪需要。"

这让他冷静了点，皱起眉头，说："绝不能那样浪费好的威士忌。"不过他还是转身进到酒吧的暗影里，几秒钟以后又出现了，手中拎着一瓶未贴标签的雏菊黄的酒。他在阳光下展示了它的气泡，说："两元。"

我们一分五分一角地数给他。突然，他把一手的硬币像摇色子那样摇得哗啦响，脸色缓和下来。"你们听着，"他把钱倒回我们的缀珠钱包，提议道，"送我一个你们做的蛋糕就可以了。"

"哦，"我朋友在回家的路上评价说，"真是一个可爱的男人。我们要在他的蛋糕里多加一杯提子。"

黑色烤炉里塞了炭和柴火，燃烧得像一个发光的南瓜。打蛋器旋转着，茶匙在一碗碗的黄油和糖里搅动，香草让空气变得甜美，生姜增加了它的香气。甘美的、挑逗鼻孔的香味浸透了厨房，弥漫到屋子里，又随着一阵阵炊烟飘向外面的世界。我们的活计四天就好了。三十一个浸润着威士忌的潮湿蛋糕，正在窗台和架子上晾晒着。

都是为谁做的呢？

朋友们。不一定是邻近的朋友，事实上，大部分蛋糕都是为那些我们也许只遇见过一次，或者素未谋面的人做的。那些讨我们喜爱的人。比如罗斯福总统。比如J.C.卢瑟牧师和他的夫人，他们是去往婆罗洲的浸礼会传教士，去年冬天来过这里布道。或者是每年来镇上两次的小个磨刀匠。或是阿布纳·帕克尔，从牟拜尔来的六点钟班车司机，他每天嗖一下经过时都会从一团烟尘中跟我们互相挥手致意。或是年轻的温斯顿夫妇，一对加利福尼亚人，有天下午他们的车在我们房子外面熄火，因此和我们在前廊上愉快地聊了一小时。（年轻的温斯顿先生给我们照了相，我们只照过那么一张。）是否因为我朋友在所有人——除了陌生人以外——面前都很害羞，因此只有这些陌生人，一面之交的人看来是我们真正的朋友？我想是的。我们用一本剪贴簿收集了白宫来信的感谢词、来自加利福尼亚和婆罗洲的一次次通信，以及磨刀人寄来的一分钱明信片。它让我们感觉与厨房外那个风云变幻着的世界相连，虽然我们只能看到它一角停滞的天空。

一根十一月里的光秃秃的无花果枝丫擦刮着玻璃窗。厨房空了，蛋糕不见了。昨天我们把最后一个用小车运到了邮局，邮费掏空了我们的钱包。我们破产了。这让我很沮丧，但我朋友坚持要庆祝，用哈哈的酒瓶里剩下的两寸威士忌。奎妮的咖啡里也加了满满一勺（她喜欢喝菊苣口味的浓咖啡）。剩下的我们用一对玻璃果冻杯分了。想到要喝纯的威士忌，我们都相当胆怯。它的味道让我们龇牙咧嘴，酸得打战。但渐渐地，我们开始唱歌了，两个人同时唱着不同的调子。我不知道我那首的歌词，只是哼哼：来吧，来吧，来到黑人逍遥舞会。但我会跳舞，而我想成为的人也是电影里的踢踏舞演员。我的舞蹈在墙上投下嬉闹的影子。我们的声音震动着瓷器。我们咯咯傻笑，就像有看不见的手在挠我们痒痒。奎妮仰躺在地上打滚，她的爪子在空气中抓耙，一种类似咧嘴而笑的表情拉伸着她的黑色唇吻。我觉得身体里面暖洋洋活泼泼的，像那些烧透将散的圆木；而且轻飘飘的，像烟囱里的风。我朋友围着烤炉旋转，手指拈起她那寒酸的棉布花裙的褶边，好像那是一件舞会裙装：指给我回家的路，她唱道，网球鞋在地板上吱扭响。指给我回家的路。

进来两个亲戚。非常生气。他们准备好了苛责的眼神、灼人的话语。听听他们要说的，那些随着愤怒的腔调滚滚而出的话："七岁的孩子！满嘴酒气！你昏头了吗？给一个七岁的孩子灌酒！一定是疯了。自寻绝路！记得凯特表姐吗？查理叔叔？查理叔叔的姻兄？可耻！丑闻！丢人！跪下，祈祷，请求主的原谅！”

奎妮钻到炉子底下。我朋友定定地看着自己的鞋，下巴哆嗦着，她撩起裙子擤了擤鼻子，跑进了自己的房间。镇子沉睡很久了，房子里很安静，只听到时钟的敲打声和快熄灭的火的噼啪声，她还在对着枕头哭泣，枕头已经湿得像寡妇的手绢。

“别哭了。”我坐在她的床脚下，一边说，一边在法兰绒睡袍里打着寒战，睡袍上还留有去年冬天的止咳糖浆的气味。“别哭了，”我恳求道，逗弄着她的脚指头，挠她的脚底板，“你太老了不能这么哭。”

“这是因为，”她打着嗝儿说，“我太老了，又老又滑稽。”

“不是滑稽。是好玩。比任何人都要好玩。听着。如果你不停止哭泣，明天会很累，我们就不能出去砍树了。”

她坐直了身子。奎妮跳上床舔她的脸颊（奎妮是不允许上床的）。“我知道在哪里可以找到真正漂亮的树。巴迪。还有冬青。上面的浆果和你的眼睛一样大。

那地方在树林深处。我们从来没去过那么远。爸爸过去常从那里给我们带圣诞树来：扛在肩上。那是五十年前了。哦，现在我都等不及天亮。”

天亮了。凝结的白霜在草叶上闪亮，太阳圆得像个橘子，颜色也是暑天月亮那样的橘红，支在地平线上，装点着银色的冬日树林。一只野火鸡叫了。一只野猪在灌木丛中咕哝。很快，我们就到了山中深可没膝的急流边，不得不丢下小车。奎妮第一个下水，划动着，不时吠上几声，抱怨水流太急，水冷得能让人得肺炎。我们跟随着，把鞋和装备（一把斧子、一条麻布袋）举过头顶。接下来的一里路，到处都有刺人的荆条，刺果和棘木钩住我们的衣服。地上铺着锈朽的松针，点缀着艳丽的菇子和鸟类换掉的羽毛。这里一闪，那里一扑棱，一阵狂喜的尖叫声提醒我们不是所有的鸟都飞往南方了。小路总是在一池池的柠檬色阳光和漆黑的藤廊中蜿蜒。又有一条小溪要穿过：一大群受惊的斑点鳟在我们周围把水搅得翻泡；大如盘子的青蛙练习着腹部弹跳；水工河狸正在修建一个水坝；对面的岸上，奎妮甩着身上的水，颤抖着。我朋友也颤抖起来，不是冷，而是兴奋。她仰起头，深深吸入松香浓郁的空气，同时帽子上的破旧玫瑰上脱落了一片花瓣。“我们就到了，你闻到气息了吗，巴迪?”她问，似乎我们就要到达的是一片大海。

可那的确也是一片海洋。连着几英亩芬芳的节日之树、叶上带刺的冬青。红色浆果像中国铃铛一样闪亮：黑色乌鸦尖叫着飞扑上去。我们先往麻布袋里装上扎成花环足够装饰一打窗户的青枝和红果，然后开始选择一棵树。“它应该，”我朋友沉吟着，“比男孩高一倍。这样他们就偷不到上面的星星。”我们选的那一棵有我的两倍高。那英勇而飒爽的小蛮子，挺过了三十斧之后，才在断裂时发出哭泣般的嘎吱声，翻倒在地。我们使劲拖着它踏上漫长的归途，像拖一头死去的猎物。每走几码我们就放弃挣扎，坐下来大口喘气。不过我们怀着猎人凯旋的心情，树上散发的冰凉提神的香气也使我们又有了精神，促使我们继续。黄昏时在通向镇子的红土路上，我们不停地听到赞美。多漂亮的树啊，哪里弄来的？路人表扬着横陈在小车里的宝物，可我朋友却躲闪着不愿意搭腔。“那边。”她含糊地咕哝。有一次一辆汽车停下来，有钱的磨房主的懒婆娘伸出头来嘀咕："给你两毛五现金买那棵树。"一般情况下我朋友是不敢说“不”的，但这次她迅速地摇了摇头："一元我们也不干。"磨房主的婆娘坚持："一元，我的天。五十分。到顶了。天哪。大姐，你可以去再弄一棵。"对于她的说法，我朋友想了想轻轻地回应："我怀疑。任何东西都没有替代品。"

到家了。奎妮一下躺倒在火边，一觉睡到第二天，鼾声大得像人在打。

阁楼里的皮箱里装着：一鞋盒貂尾（一个曾租过老宅一间房的奇怪女士的歌剧服披风上的）、几卷因磨损而变得金黄的陈年金属丝、一颗银色星星、一小段糖果状的灯泡绳（坏的，毫无疑问很危险）。可一旦派上用场，它们都是绝好的装饰，但还远远不够，我朋友想要让我们的树像“浸礼会的窗子”一样闪亮，并被大雪一样沉的装饰品压弯。但我们买不起“五分一毛店”里面那些日本产的光鲜玩意。于是就像往常一样，一连几天坐在厨房的桌子边，手拿剪刀、彩笔和一沓沓彩纸。我在上面画画，我朋友把它们剪下来：许多的猫和鱼（因为它们好画），一些苹果和西瓜，还有几个长翅膀的天使，是用留起来的“好时”巧克力条里的锡箔纸做的。我们用回形针把这些小制作固定到树上，又在树枝上撒了些碎棉花（八月时特地摘的），作为最后一道工序。我朋友打量着成品的效果，两手紧握在一起：“现在说实话，巴迪。它看上去是不是好看得让人想吃啊？”奎妮想去吃一个天使。

我们为所有屋子前面的窗户编扎了冬青花环，并用带子绑好。接下来的工程是准备给家人的礼物。给女士们的是扎染围巾，给男士的是家酿的柠檬甘草阿司匹林糖浆，以备“打猎回来或者出现一丝感冒症状时”之需。当到互相准备礼物时，我朋友就和我分开来各自悄悄地忙乎。我想要给她买一把手柄镶珍珠的小刀、一台收音机、整整一磅巧克力裹樱桃（我们有次吃过，后来她总是起誓：“我能只吃这个活着，巴迪，主啊，是的我能——这可不是在滥用主的名字。”）。可实际上，我给她做的是风筝。她想要送我一辆自行车（她这么说了有好几百万次：“如果我能，巴迪。一个人在生活中得不到他想要的东西，这已经够糟糕了。可是很讨厌，令我气恼的是不能送给别人你希望他拥有的东西。总有一天我会的，巴迪。给你一辆自行车。别问是怎么来的，也许是偷的。”）。实际上，我相当肯定她也在为我做风筝——像去年一样，还有前年。大前年我们互相交换的是弹弓。这些对我来说都很好。因为我们是放风筝冠军，像水手一样对风颇有研究。我朋友，比我放得还好，她在风轻得都吹不动云彩的时候，也能把风筝送上天。

平安夜那天下午，我们搜罗到五分钱，去肉铺买了给奎妮的传统礼物，一根上好的可供啃咬的牛骨。骨头被包裹在漫画报纸里，高高地挂在树上，银色星星旁边。奎妮知道那里有根骨头。她盘踞在树下用贪婪的目光盯着上面出神。上床时间到了，她拒绝移动一下。我自己也和她一样兴奋。我踢被子翻枕头，好像是在热浪灼人的夏夜。一只公鸡在什么地方叫起来，叫错了，因为太阳还在世界的另一边。

“巴迪，你醒着吗？”我朋友在隔壁她的房间里喊我。一眨眼她就拿着根蜡烛坐到了我床上。“哦，我一点都睡不着。”她说，“我心里像有只长耳大野兔在跳。巴迪，你觉得罗斯福夫人会在正餐时端上我们的蛋糕吗?”我们挤在床上，她捏捏我的手表示“我爱你”。“好像你的手过去要小很多。我猜我不喜欢看到你长大。你变成大人，我们还会是朋友吗?”我说我们永远是。“可我感觉很糟，巴迪。我好想给你买辆自行车。我想卖掉爸爸给我的浮雕宝石。巴迪——”她迟疑着，似乎有点不自在——“我又给你做了个风筝。”然后我承认我也给她做了一个。我们大笑起来。蜡烛烧得只剩很短了，拿不住。烛火熄灭，星夜展开。星星在窗口旋转，仿佛一首看得见的颂歌，慢慢地，慢慢地，沉寂在黎明里。我们可能盹着了一会；清晨最初的亮光像冷水一样泼溅在我们身上，我们起来了，睁着眼睛走来走去，等待其他人醒来。我朋友故意让一个水壶掉在了厨房地上，我则跑到那些关闭的门前跳踢踏舞。全家人一个接一个出现了，看上去就像要杀掉我们两个。但今天是圣诞节，他们不能。首先，是一顿美妙的大餐：你能想到的全都有，从薄煎饼、炸松鼠到玉米片粥和蜂窝蜜。吃得每个人都满心欢喜，除了我朋友和我。坦白说，我们那么焦急地想看到礼物，简直一口都吃不下。

哦，我很失望。谁能不呢？只是袜子、主日学校衫、几块手帕、一件二手毛衣和一年的儿童宗教杂志订单。《小小牧羊人》。我很烦这个。真的很烦。

我朋友的收获好过我的。一袋萨摩蜜橘[①]，这是她得到的最好的礼物。可她最得意的是她出嫁的姐姐织的一条羊毛白披肩。她说她最喜欢的礼物是我给她做的风筝。它非常美丽，但还没有她做给我的那只好。那只是蓝色的，上面点着金色和绿色的幸运星。而且，上面还画着我的名字：巴迪。

“巴迪，起风了。”

风刮起来了，可这也没用，我们得跑到房子下边的草地上才行。奎妮已经溜出来把她的骨头埋在了这里（随后的一个冬天，奎妮也被埋在了这里）。就在这里，我们扎进齐腰高的茂草丛中，松开风筝线，感到线在手里被猛然抽动着，风筝像天空之鱼一样在风中游

---

① 一种原产日本的无籽小柑橘。

动起来。阳光和煦，我们心满意足地趴在草丛里剥萨摩蜜橘，看风筝在天上欢跃。很快我就忘记了袜子和旧毛衣。高兴得像在咖啡命名竞赛中得了五万元大奖一样。

“天，我好傻啊！”我朋友大叫着，忽然间警醒起来，就像一个女人很迟才记起烤箱里的面饼。“你知道我总在想什么吗？”她眼含微笑，望着上面的某一点而不是我，用一种发现的口吻问，“我原来总是想，一个人总要生病，垂死，然后才见到主。我想象主降临的光景，应该就像看见浸礼会的窗子一样，像阳光穿泻而过的那些彩色玻璃一样美丽。那种光亮让你不知道天已暗下来。想到这样的光亮会带走所有诡异的感觉，是一种安慰。但我现在打赌不是这样的，我打赌一个人临终时分会意识到主早就显现过。看到这些——”她的手打了个圈，把云、风筝、草地和往骨头上耙土的奎妮都包括进来——“他们总能看见的东西，就是看见了主。就我而言，我可以眼含着今天的情景离开世界。”

这是我们在一起的最后一个圣诞节。

生活分开了我们。那些最通晓事理的人决定我应该去一所军事学校。因此接下来我便凄惨地经历了那些吹着军号的监狱、敲着可憎起床鼓的夏令营。我也有了个新家。但那不算。家是我朋友在的地方，可我再也没回去过那里。

她却一直在那里，在厨房里转悠。一个人和奎妮。后来又成了单单一个人。（“亲爱的巴迪，”她潦草难辨的笔迹写道，“昨天吉姆·梅西的马把奎妮踢得很重。谢谢天她没有受很大的痛苦。我用细麻布床单把她包起来，用小车推着到辛普森家的草地上，在那里她可以和她的那些骨头在一起……”）后来那几年的十一月，她一个人继续烤水果蛋糕。没以前多，但烤一些，当然，她总是把“一批里最好的那个”送给我。她还会在每封信里用手纸包上一角钱：“去看场电影，写信告诉我故事。”但后来的信里，她渐渐地总是会搞混我和她另外的那个朋友，那个1880年代就去世的巴迪。越来越多的月份里，十三号不再是她在床上度过的唯一一天。十一月的一个早晨来临，一个没有树叶没有鸟鸣的冬日早晨，她再也不能唤醒自己开心地宣布：“哦天，做水果蛋糕的天气到了。”

这事发生时，我是知道的。一条简单的口信证实了体内某根隐秘的血管已经接收到的讯息，割去了我生命中不可替代的一部分，让它像断线的风筝一样远去。这也是为什么，在这个特别的十二月的早晨，走过一个学校校园时，我不停地在天空中搜寻。就好像我希望看见，如相偎之心，一对迷失的风筝正一路赶去天堂。

一个圣诞节

先来一段关于我身世的简短开场白吧。我妈妈，她非常聪明，是亚拉巴马州最美的姑娘。人人都这么说，也确实如此。她十六岁上嫁了一个二十八岁的商人，此人出身新奥尔良的好人家。婚姻维持了一年。妈妈太年轻，做不来母亲或妻子，也太有野心——想要上大学，做一番事业。于是她离开了丈夫。至于我，她就交给她在亚拉巴马的大家庭去照看。

那几年里，我很少见到双亲。爸爸在新奥尔良忙得脱不开身。妈妈呢，大学毕业后去了纽约寻求发达。但其实对我而言，这样没什么不好。在那里我很快乐。

我有许多好亲戚，舅舅、姨妈和表亲，特别是有一个表亲，一个上了年纪、白头发、微微瘸腿的女人，叫做苏柯。苏柯·佛尔克小姐。我也有别的朋友，但她无疑是我最好的朋友。

苏柯讲给我听圣诞老人的事情，他飘荡的长胡须，红色外套，装满礼物叮当响的雪橇。我很信她，正如我信每个人都出自上帝的意志，或是主的，苏柯总是这样称呼他。如果我踢了脚趾，或者摔下马，或者在小溪里抓到一条大鱼——无论好事坏事，那都是主的意思。苏柯跟我说着这些的时候，她接到了从新奥尔良传来的可怕消息：我爸爸想要我到那里去和他一起过圣诞。

我哭了。不想去。我从来没离开过这个被森林、农场和河流环绕，与世隔绝的亚拉巴马小镇。没有苏柯用手指轻轻帮我梳头，同时给我一个晚安吻，我就无法入睡。并且，我也害怕陌生人，爸爸就是一个陌生人。我见过他几次，可印象很模糊。我不知道他是什么样子的。可是，正如苏柯所说："这是主的意思。谁知道呢，巴迪，你也许能看到下雪呢。"

雪！在我自己会读书以前，苏柯给我读过很多故事，似乎差不多所有的故事里都有很多雪。飘扬的闪烁的童话里的雪片。那是我的梦中之物。一种我想要看见、感觉和触摸的神秘而奇幻的东西。当然我还从来没有过，苏柯也没有，谁叫我们住在像亚拉巴马这样热的地方呢。我不知道她为什么认为我在新奥尔良能看到雪，因为那里更热。别介意。她只是想给我上路的勇气。

我有一套新衣服。翻领上别了一张卡片，上面是我的名字和地址。这是为了防止我走失。明白吧，我得一个人上路。坐大巴。哦，每个人都认为有了这个标签我就安全了。每个人，除了我。我怕得要死。很愤怒。十分生爸爸的气，那个陌生人迫使我在圣诞节离开家，离开苏柯。

那是一次四百英里的旅行。差不多吧。第一站是牟拜尔。我在那里换了大巴，然后一直一直走，穿过大片松软的湿地，沿着海岸线，来到一个喧闹的城市，有轨电车叮当响，街上满是一些危险的、外国人模样的家伙。

这就是新奥尔良。

我刚一下车，忽然间一个男人过来把我卷进怀里，挤得我都透不过气来。他笑了，又哭了——一个英俊的高个男子，又是哭又是笑。他说："你不认得我了？你不认得你爸爸了？"

我无语。我一个字都没说，直到坐上出租车，我问："它在哪儿？"

"我们的房子？不远——"

"不是房子，是雪。"

"什么雪？"

"我以为这里会有很多雪。"

他奇怪地看着我，笑了："新奥尔良从来不下雪。至少我没听说过。不过你听，听到雷声了吗？肯定要下雨了！"

我不知道什么让我最害怕，是雷声，以及随之而来的嘶啦嘶啦的曲折闪电，还是我爸爸。那天晚上，我上床的时候雨还在下。我做了祈祷，祈祷我可以很快回到家里和苏柯在一起。没有苏柯的晚安吻，我不知道怎么才能睡着。事实上，因为睡不着，我开始想圣诞老人会带给我什么。我想要一把手柄镶珍珠的小刀、一套大拼图玩具。一顶牛仔帽和配套的套马索。还有一把可以用来打麻雀的B.B.来复枪。（多年后，我真的有了一把

B.B.来复枪，打下来一只反舌鸟和一只山鹑，我忘不了当时悔恨的感觉，从那以后我再也不杀生，我抓到的每条鱼都放回水里。）我还想要一盒彩笔。不过最最想要的，是收音机，不过我知道那是不可能的：我认识的有收音机的人不超过十个。须知，那时可是大萧条时期，深南诸州[①]有收音机或冰箱的家庭是很少的。

可爸爸两样都有。他似乎什么都有——一辆带后敞座的汽车，更不用说法国区[②]一座古老精致的粉色小别墅，铁镂花阳台，隐蔽的露台花园里点缀着各色鲜花，一个人鱼形状的喷泉喷洒着凉意。他还有半打，哦不，整整一打女朋友。像妈妈一样，爸爸还没有再婚。但他们都有执着的仰慕者，最终，不管情愿与否，他们走向了婚礼的圣坛，实际上，爸爸走了六次。

你由此可见他一定很有魅力。而且，真的，他似乎迷倒了大多数人——每个人，除了我。这是因为他让我很尴尬，总是拖着我去见他的朋友们，从银行家到每

---

① Deep South，依据地域和文化差异，美国最南部的几个州被称作深南诸州。历史上，这些州以纯种植园经济区别于其他南部各州，也被称作棉花州。

② French Quarter，是新奥尔良城最古老最著名的片区。1718 年新奥尔良城建立时就以其为中心。现在整个区域已经成为美国国家历史性地标，分布着许多历史建筑。

天为他修脸的理发师，当然，还有他所有的女朋友们。最要命的是，他总是在抱我亲我并拿我吹牛。我觉得非常丢脸。首先，没什么好吹的。我是个地道的乡下男孩。我相信耶稣，虔诚地祷告。我相信有圣诞老人。在亚拉巴马的家里，除了去教堂的时候，我从来不穿鞋子，无论冬夏。

穿着那些带子紧绷、热得要命、重如沉铅的鞋子，被牵着走在新奥尔良的大街上，实在是一种折磨。而鞋子和食物相比，我又不知道哪样更糟。在家的时候我喜欢吃炸鸡、甘蓝叶、黄油青豆、玉米面包和别的好吃的东西。可是那些新奥尔良的餐馆哦！我永远也不会忘记第一次吃的那只牡蛎，它就像一个噩梦滑下我的喉咙；过了几百年我才吃下去另一只。至于那些辣辣的克里奥尔菜肴[①]，想想它们是怎么烧灼我的胃的。不，先生，我渴望的是刚下烤架的面饼、新挤的牛奶，还有刚从桶中舀出的家制糖蜜。

我可怜的爸爸不知道我有多么难受，一方面是因

---

① Creole Cookery，一种混合了欧洲和非洲、美洲等地特色的烹调，发源于路易斯安那州，盛行于新奥尔良。咖喱、胡椒、番茄是这种烹调中的主要调料。

为我从来不让他看到，当然更不会告诉他，另一方面是因为，尽管妈妈抗议，他已经设法弄到了这个圣诞节期间对我的合法监护权。

他会说："说实话。你不想过来和我一起住在新奥尔良吗？"

"我不能。"

"你不能是什么意思呢？"

"我想念苏柯。我想念奎妮。我们有一条捕鼠㹴，很滑稽的小东西。可我们都爱她。"

他说："你不爱我吗？"

我说："不是的。"但事实是，除了苏柯、奎妮、几个表亲，还有床头美丽妈妈的照片之外，我不知道爱意味着什么。

我很快就明白了。圣诞前一天，我们沿着运河街散步时，我突然定住了，着魔了，我看见一个大玩具店的橱窗里有一个奇妙的玩意。那是一架飞机模型，大得可以坐到里面，像骑自行车一样踩踏板。它是绿色的，有一个红色的螺旋桨。我相信只要踩得足够快，它就能飞起来。那不是很酷吗？我能想见我的表兄妹们站在地上看着我飞进云朵里。谈论着天空中的那点绿！我笑了，笑个不停。这是我做的第一件让我爸爸看上去比较自信的事情，尽管他不知道什么让我觉得如此好笑。

那天晚上我祈祷圣诞老人会给我带来飞机。

我爸爸已经买了一棵圣诞树，我们花了很多时间在五分一毛店里挑选装饰它的东西。然后我犯了一个错误。我把一张妈妈的照片放在树下。爸爸一看到，顿时脸色发白，颤抖起来。我不知道该怎么办。但他知道。他走到一个橱子前，拿出一个高脚杯和一个瓶子。我认得那个瓶子，因为我在亚拉巴马的舅舅们也有很多一样的。私酿威士忌。他把高脚杯倒满了，几乎是一口气咕了下去。然后，那张照片对他就好像消失了一样。

我等待着圣诞前夜，以及圣诞胖爷爷那总是令人兴奋的到来。当然，我从来没见过一个沉重的、叮当响的、大腹便便的巨人扑通跳进烟囱，在圣诞树下快活地分发赐赠。我的表弟比利·鲍伯，一个可恶的小矮个，却有着一个铁拳头一样的脑子，他说那全都是胡说，根本没有这样的事。

“我的天！”他说，“谁要是相信真的有圣诞老人，就会相信骡子是马。”这次争吵发生在法院的小广场上。我说：“圣诞老人是有的，因为他的所作所为都是主的意志，而主的意志无论如何都是真的。”比利·鲍伯朝地上啐了一口，走开了：“哎呀，看起来我们这里又多了一个牧师了。”

我总是发誓平安夜不睡觉，我想听屋顶上驯鹿奔跃的舞步，想在烟囱根那儿与圣诞老人握手。而这个圣诞节，在我看来，似乎没什么比保持清醒更容易做到的事情了。

爸爸的房子有三层楼，七个房间，有几个很大，尤其是那三个通向露台花园的房间：前厅、餐室，还有一个给喜欢跳舞和玩牌的人用的“音乐”室。楼上的两层都带有铁镂花阳台，墨绿的铁花上优雅地缠绕着九重葛和红色千鸟兰的连绵细藤。那种兰花就像蜥蜴吐出的红舌头。这是那种只有配上清漆地板、柳编器具、天鹅绒才相得益彰的房子。它很可能被当成某个富人的家，或者，一个品味高雅的人的住所。对一个贫穷（但很快乐）的亚拉巴马赤脚男孩来说，爸爸如何能设法满足这种欲望，是一个无法理解的秘密。

但这对妈妈来说并不是什么秘密。大学毕业后，她来到纽约打拼，充分运用了她那木兰花般的美貌，去寻找一个真正合适的未婚夫，他能够买得起萨顿区的公寓和貂皮大衣。不，她很清楚我爸爸的那些经济来源，但从未提起，直到许多年以后，此时她早已穿上貂皮大衣，而珍珠项链在领口闪烁。

她曾到过一所势利的新英格兰寄宿学校来看我（我在那里的学费由她富有而大方的丈夫承担），我说的什么话让她火冒三丈；她高声叫道："你不知道他为什么能活得那么滋润？租快艇游希腊群岛？他的老婆！想想他那一长串的老婆！全是寡妇。全是富婆。非常富。全都比他大很多。老到没有正常的年轻人会娶她们。这就是为什么你是他唯一的孩子。这也是为什么我没能生下别的孩子——我那时还太小，不能要孩子，可他是只野兽，他害了我，他毁了我——"

舞男一个，走到哪里，人们都会停下瞧……月光，迈阿密的月光……我是第一次，请你要好意……嘿，先生，能给上一角吗？……舞男一个，

走到哪里，人们都会停下瞧……[①]

她讲这些的时候（我尽量不听，因为讲述我的出世摧毁了她，她也摧毁了我），我心里不禁翻过这些调子，或者类似的调子。它们帮我不去听她，它们让我想起那个新奥尔良的平安夜，爸爸举行的那场奇怪而令人难忘的晚会。

露台上放满了蜡烛，三个与之相通的房间也点上了。大部分客人都聚集在前厅，圣诞树在壁炉里微弱的火光映照下闪烁。还有许多人在音乐室和露台上跳舞，音乐从一个上发条的留声机里传来。在被爸爸向客人们做过介绍，大量的介绍后，我被送回到楼上。但从卧室的法式百叶门外的台阶上，我能看到舞会的全景，看到那一对对的舞伴。我看见父亲和一位优雅的女士围着美人鱼喷泉旁的水池在跳华尔兹。她很优雅，穿一袭银色的纤长礼服，在烛光下闪闪烁烁。但她挺老，至少比爸爸大十岁，爸爸那时三十五。

---

① 几首二十世纪二三十年代流行于美国的歌曲的歌词。其中第一句和最后一句来自经典歌曲《舞男一个》。

我忽然意识到爸爸显然是那个晚会上最年轻的人。那些女士，虽然很迷人，却都不比那个银衣荡漾的窈窕舞者年轻。男人也是一样。他们中很多人在抽气息甜润的哈瓦那雪茄，但一半以上老得可以做我爸爸的爸爸了。

然后我看见一件让我不相信自己眼睛的事情。爸爸和他灵巧的舞伴舞到了一处猩红千鸟兰笼罩下的角落里，他们在拥抱，亲吻。我是那么惊讶，那么愤怒，于是跑进房间，跳上床，用被子蒙住头。为什么我英俊的爸爸会想和老女人那样？为什么楼下那些人不回家，好让圣诞老人过来。我醒着躺了几小时，听见他们离开，爸爸说完最后一声再见，我听到他爬上楼，开了我的门，向里窥视。但我装作睡着了。

几样事情让我整夜都醒着。首先是爸爸的脚步声，他跑上跑下，重重地喘气。我得看看他在忙什么。于是我藏在阳台上的九重葛藤蔓中，从那里我能看到前厅的全景、圣诞树，以及还燃着一点暗淡火苗的壁炉。而且，我还能看到爸爸。他趴在树下，把一堆礼盒摆成金字塔状。那些礼盒包着紫色、红色、金色、白色和蓝色的纸，在被移来移去的时候发出窸窣的声响。我感到晕眩，因为眼前所见迫使我重新审视一切事物。如果这些是给我的礼物，那么很显然，他们不是由上帝选定，让圣诞老人送来的。不，这些礼物是爸爸买来和包扎的。那么这就意味着，那些嘲笑我，说世界上没有圣诞老人的人，我那讨厌的小表亲比利·鲍伯和其他像他一样讨厌的小孩，他们没有说谎。我最糟糕的想法是，苏柯是否也知道这个，却对我撒谎？不，苏柯从来不会对我说谎。她相信有。就是这样的，虽然，她已经六十来岁了，可在某些方面她还是十足的孩子，像我一样的孩子。

我看着爸爸做完他繁重的家务，吹灭几支还燃着的蜡烛。我等着，直到确定他上床睡熟。然后我潜下楼梯到了前厅，那里还残留着栀子和哈瓦那雪茄的气味。

我坐在那里，思考着：现在该我去告诉苏柯这件事的真相了。一股怒气，一种奇怪的恶意在我心中缭绕升起，那并不是冲着爸爸的，但结果爸爸却成了牺牲品。

黎明来临，我察看着每个礼包上附着的标签带。

上面全都写着："给巴迪。"只有一个，上面写的是："给伊凡吉兰。"伊凡吉兰是一个上了年纪的女人，有色人种，成天喝可口可乐，重三百磅。她是爸爸的管家，也像妈妈一样照顾他。我决定拆开包裹：现在是圣诞节的早晨，我醒着，为什么不呢？我不想仔细描述里面的内容，只是一些衬衫、毛衣之类没劲的玩意儿。只有一把相当漂亮的手枪我比较喜欢。于是我想到一个主意，用枪声来叫醒爸爸应该很好玩。于是我开了火，哧。哧。哧。

他跑出房间，瞪大了眼睛。

哧。哧。哧。

"巴迪，你究竟在搞什么鬼啊？"

"哧。哧。哧。"

"停！"

我笑了。"瞧，爸爸。看看圣诞老人给我带来多棒的礼物啊。"

他平静下来，走进前厅抱起我。"你喜欢圣诞老人给你的礼物？"

我对他笑，他也对我笑。但这温馨一刻被打破了，当我说"是的，可是你会给我什么礼物呢，爸爸？"

时，他的笑容收敛了，眼睛疑惑地眯起来。你能看出他想我可能是在耍花招。但他接着脸红了，似乎在为自己的想法羞愧。他拍拍我的脑袋，咳嗽了一下，说："哦，我想我要等等，让你挑选自己想要的。你有什么特别想要的东西吗？"

我提醒他我们在运河街的玩具店里看到过的那架飞机。他的脸拉长了。哦，是的，他想起了那架飞机和它有多么贵。不过，第二天在爸爸给那个开心的推销员写支票时，我还是坐进了那架飞机，想象着自己向着天堂飞去，越变越小。关于如何将飞机运到亚拉巴马我们有一些争论。但我很坚定，我坚持要把它带在身边，带上那天下午两点钟我要坐的大巴。推销员给巴士公司打了个电话，解决了这个问题。巴士公司说他们能很容易处理好。

但我还没有摆脱新奥尔良。问题出在那一大瓶银瓶私酿威士忌上。也许是因为我要走了，但爸爸本来也是终日纵酒的，在去巴士站的路上，他把我吓着了。他紧握我的手腕，嘶哑地低语："我不会让你走，我不能让你回到那个古怪老房子里的疯癫家庭里去。看看他们把你教成什么样了。一个六岁的男孩，快七岁了，还在说圣诞老人！这全是她们的错。那些只知道《圣经》和打毛衣的尖酸老处女，那些醉醺醺的舅舅！听我的，巴迪。没有上帝，也没有圣诞老人。”他那么用力，弄疼了我的手腕。“哦，天哪，有时我想，让事情变成这个样子，你妈妈和我，我们两个，应该去自杀——”（他没有自杀，但我妈妈却那么做了，三十年前她吞安眠药走的。）“亲我，亲我。告诉你爸爸你爱他。”但我说不出话来，我很害怕我要误掉巴士了。我还担心绑在出租车顶上的飞机。“说，说‘我爱你’。说啊，巴迪。说啊。”

还好出租车司机是个好心人。因为要不是他，还有几个麻利的行李工和一个和蔼的警察叔叔的帮忙，我都不知道到车站的时候会发生什么。爸爸摇摇晃晃的，路都走不了。但警察跟他说话，让他平静下来，扶他站直，出租车司机答应把他安全送回家。但爸爸不愿走开，直到看见行李工把我放上巴士。

我一上到巴士里，就蜷缩在位子上，闭着眼睛。我感到一种最为莫名的痛楚。紧迫的痛感传遍全身。我想如果脱掉笨重的城市皮靴，那折磨人的妖怪，那种疼痛就会减轻。我脱了鞋，但那神秘的痛楚没有消失。从某种意义上说，它从未消失；永远也不会。

十二个小时后，我回到家躺在了床上，房间很暗。苏柯坐在我旁边，在一把摇椅上摇动，那声音像海浪一样和缓慰人。我试着把所有的事情都讲给她听，却像一只号叫的狗那样嘶声痛哭起来。她用手指轻抚着我的头发，说："世上当然有圣诞老人。只是因为一个人做不了他得做的那么多事情，所以上帝把任务分给了我们大家。所以每个人都是圣诞老人。我是。你也是。甚至你的表亲比利·鲍伯也是。现在我们睡吧，数星星。想想最安静的事物，比如雪。我很抱歉你没有看到。但现在雪正从星星上落下——"星星闪烁，雪花飘转在我脑海中。最后我记得，主用平静的声音告诉我一些我必须做的事情。第二天我做了。我和苏柯去了邮局，买了一分的明信片，那张明信片现在还在。去年爸爸去世时，我在他的银行保险柜里发现了它。上面是我写给他的话："嗨爸爸希望你过得很好我也很好我在学习开飞机开得很快马上就可以飞上天了所以你要睁大眼睛看着是的我爱你巴迪。"

感恩节来客

说到卑鄙，奥德·汉得森是我遇到过的最卑鄙的人。

我说的是一个十二岁的男孩，而不是某个有时间将天生的邪恶性情演化成熟的大人。至少，1932年奥德有十二岁，那时我们都在亚拉巴马乡下的一个小镇学校上二年级。

他长了一副高出实际年龄的个头，瘦瘦的，土红色的头发，细眯的黄眼睛，在所有同班同学中鹤立鸡群——本来就是怎么着也会比我们高，因为我们这些人都只有七八岁。奥德一年级留级两次，现在上的是第二个二年级。这样难堪的纪录不是因为笨。奥德很聪明，也许狡猾是更合适的词。但他很像汉得森家的其他人。那一家人是懒怠而乖戾的一伙（一家十口，达德·汉得森除外，他是个私酒贩子，常年蹲监狱。全家都挤在一个黑人教堂旁边的四间房的屋子里），每个人都随时准备对你使坏。奥德还不是这群人里最坏的。兄弟，是说明一些问题的。

我们学校许多小孩来自比汉得森更穷的家庭；奥德至少还有一双鞋，而有的男生，还有女生，不得不在最恶劣的天气里也打赤脚上学——可见大萧条如何严重地冲击了亚拉巴马，但没有人，不管是谁都不会像奥德看上去那样潦倒落魄，一个瘦骨伶仃、长着雀斑的稻草人，穿着捡来的一身汗臭的工装，连串在链条上的囚犯都会觉得那样的衣服丢人。如果他不是那么可恨，你都可能会很同情他。可所有的孩子，不光是我们小的，还有跟他同龄或比他大的，都怕他。

没有人敢和他来上一架，除了有一次，一个叫安·卷包·芬奇伯格的女孩，碰巧是镇上另一霸。卷包，那个又矮又壮的假小子，在一个沉闷上午的课间休息时段，以一种混不吝的角斗技巧，从后面扑向奥德。三个教师花了好长时间才把他们拉开，那三个人肯定都巴不得这两个格斗者相互杀死对方。结果是个平局。卷包失去了一颗牙齿和一半头发，左眼一团青肿（她后来就再也没法看清楚了）；奥德的伤包括一个破裂的大拇指，还有几道要陪他到盖棺之日的抓痕。后来的几个月里，奥德要出各种花招去激卷包和他再度比试。但卷包已经尝过苦头，和他保持着安全距离。我也会这么做，但汉得森却不会因此放过我。哎，我是奥德无情注意力的目标。

相对于那个年代和那个地方来说，我可说是相当富有。我居住的高大乡间老宅院，位于镇上紧邻森林和农场的一头。宅子属于我的远房亲戚们，一些上了年纪的表亲，三个老处女和她们的光棍哥哥，把我收留在他们的屋檐下，因为我的直系亲属之间出了一点乱子，抚养权之争吧，因为这些原因，我流落到了这有点古怪的亚拉巴马一家人中间。但我在那里没有不快乐。事实上，那几年当中的一些片段成为一个本来可能会很不幸的童年的最快乐的时光，主要是因为几个表亲里最年轻的那个，一个六十来岁的妇人，做了我第一个朋友。

因为她本身就是个小孩（许多人认为她连孩子都不如，悄悄地议论她，似乎她是那个可怜但友好的莱斯特的孪生姐妹。莱斯特常常带着甜蜜而茫然的表情在街上游荡）。她理解孩子，也绝对理解我。

也许一个小男孩把一个老处女当作朋友有点奇怪，但我俩的前景和背景看上去都不太寻常，所以不可避免地，从各自的孤寂中走到了一起，分享一份友谊。除了在学校的几小时，我们三个，我、老奎妮（一头活泼的小捕鼠狸）和苏柯小姐（所有人都这么叫她）总是待在一起。我们在林子里寻找草药，到遥远的溪水中去钓鱼（用榨干的甘蔗秆当鱼竿），采集稀奇的蕨类和青枝绿叶，移栽到铁皮桶和夜壶中，种成一片藤繁叶茂。但我们的主要活动场地还是厨房，一个乡间老宅的厨房，一个烧木头的黑色大烤炉占据着主要位置，因此那里常常显得既明媚又阴暗。

像含羞蕨一样敏感的苏柯小姐，是一个从未踏出过本县边界的隐士，一点也不像她的哥哥和姐姐们。两个姐姐是非常实际、有点男子气的女人，经营着一家干货店和几项别的投机生意。哥哥B叔，拥有几个散布在乡间各处的棉花农场。因为拒绝开汽车，并且忍受不了和任何机动器械的接触，他成天骑在马背上从一处产业转到另一处。他是一个好人，但很沉默：他咕哝着说“是”和“不”，除了进食之时，真的从没张开过嘴巴。每顿饭他都有着亚拉斯加灰熊经过了一个冬天的睡眠后的胃口，苏柯小姐的任务就是喂饱他。

早餐是我们的主餐。中餐（除星期天外）和晚餐都很随意，经常是吃早上剩下来的东西。早上五点半就被迅捷地端上来的早餐，都是一些常见的饱腹之物。对黎明筵席上的那些火腿、炸鸡、炸猪排、炸鲶鱼、炸松鼠（得当令才有）、炸鸡蛋、浇肉卤的玉米片粥、黑眼豆、羽衣甘蓝和甘蓝酒（可以将玉米面包掰碎泡在里面）、面饼、重油蛋糕、煎饼、糖蜜、连窝摘的蜂蜜、家制果酱和果冻、甜牛奶、多脂奶、烫得要命的菊苣口味的咖啡，到现在我还保留着一种怀旧式的饥饿感。

主厨和她的助手，奎妮和我，每天四点钟就起来生炉火，摆餐桌，张罗起所有的事情。那个钟点起床并不像听上去那么艰辛，我们习惯了，而且我们总是太阳一下山，鸟儿一归林便上床。而且，我朋友并不像她看上去那样娇弱，虽然幼时生过病，背有点伛，但她的手和腿都很有力。她能轻巧地走动，想快就快，在打了蜡的厨房地板上把脚上一直穿的磨开了边的网球鞋踩得吱扭响。她的脸很特别，轮廓纤细又笨拙，双眼年轻而美丽，流露出一种坚韧气质，表明这张脸更多地受到的是内心精神的照耀，而不仅仅是健康生机的外在反映。

按照不同季节和B叔农场雇的人手多少而定，有时围坐在黎明筵席上的人多达十五个。我们要管雇来的人每天一顿热饭，这算一部分工钱。按照预计，一个黑女人被请过来帮忙洗碗、铺床、打扫和浆洗，可她很懒，做事也不牢靠，但却是苏柯小姐终生的朋友。也就是说，我朋友没想过要换掉她，只是自己把事情都做了。她要砍柴，照管一大群鸡、火鸡和猪，洗涮，扫灰，缝补。可是我放学回家以后，她还总是很想陪我玩——玩一种叫教士牌的牌，跑出去采蘑菇，或者打上一通枕头仗，或者坐在光线渐渐暗淡的下午的厨房里，辅导我的家庭作业。

她喜欢盯着我的课本看，尤其是地图册。（“哦，巴迪，”她会这么说，因为她管我叫巴迪，“想想，一个叫的的喀喀的湖。世界上真有这么个地方。”）我的教育也成了她的教育。因为小时候的病，她几乎没上过学。她的字写得歪歪扭扭，犬牙交错，拼写也高度个人化，很多时候只是按照读音蒙蒙。我那时读写已经比她流畅了（虽然她每天都要“研读”一章《圣经》，也从来不会漏看《小孤女安妮》、《卡琛加墨孩子》之类牟拜尔报纸上刊登的连环画）。“我们的”成绩报告单会让她非常来劲和得意（“天哪，巴迪！五个A啊！数学也是，我没奢望我们数学都能拿A”）。她的一大困惑就是，为什么我讨厌学校，为什么某些早晨我会哭着求B叔，家里做主的人，让我待在家里。

当然那不是因为我讨厌学校。我讨厌的是奥德·汉得森。他发明的那些折磨人的招数！比如，他经常会在一棵遮暗一边操场的大水栎树的树荫下守着我。手拿一个纸袋，里面装着他上学路上摘的苍耳。想跑赢他是不可能的，因为他像一条盘蛇那么快；像一条响尾蛇一样，他击中我，把我拍倒在地，小眯眼快活地放着光，把刺果揉进我的头皮里。通常会有一圈小孩在旁围观取笑，或者说装出取笑的样子，他们不是真的觉得好笑，只是被奥德吓得，想要讨好他。后来我躲到一个男厕所里，把缠在头发上的苍耳弄下来。那东西似乎永远也弄不下来，这就意味着我总是会错过预备铃。

我们二年级的老师，阿姆斯特朗小姐很有同情心，因为她怀疑可能发生了什么事情。可我连续的拖沓终于使她忍不住了，在全班人面前向我发火："小自大狂先生，他的头多大啊。[①]铃响过二十分钟才优哉游哉转进来。半小时了。"听到这里我控制不住了，指着奥德·汉得森叫道："冲他喊。该受批评的是他。狗娘养的。"

我知道很多骂人的话，可是听到自己的声音在一片可怕的寂静中回响，还是吓了一跳。阿姆斯特朗小姐紧攥着一把重尺朝我走过来，说："伸出手，先生。掌心朝上，先生。"然后，奥德·汉得森脸上泛出尖酸的笑意在一旁观看。她用铜边尺狠狠击打我的手掌，直到教室在我的视线里变得模糊。

奥德加诸我的那些颇具想象力的惩罚方式能够用小号字体印满一整页，但我最憎恨和最郁闷的是他引发

---

① 英语中用习语 too big for one's britches 指一个人自视过高，而 mister big britches（大裤子先生）指自视过高的人。形容词 big-headed 意为自大，自我中心。这里老师说巴迪的头大，是在讽刺他自大。

的那种暗无天日的感觉。有次，他把我按在墙上，我就直接问他我做了什么让他如此讨厌我。他忽然松开手，放掉我，说：“你这个娘娘腔。我就想修理你一下。”他是对的，我是有点女气，他这么一说，我意识到没什么可以改变他对我的判断，只能自己坚强一点，接受并捍卫这个事实。

可是只要回到温暖而宁静的厨房，在那里，奎妮可能在啃一块挖出来的旧骨头，而我朋友则手持一块馅饼皮在晃悠，我就能卸下奥德·汉得森的沉重影子。可是到了晚上，那双狭窄的狮子眼常常出现在我梦里，同时他那大而沙哑的嗓门在我耳边嘶嘶作响，宣告着他那残酷的计划。

我朋友的卧室就在我的旁边，有时我噩梦中的哭喊会把她弄醒。她跑过来把我摇醒，让我从对奥德·汉得森的恐惧中解脱出来。“瞧，”她会点着一盏灯说，“你把奎妮吓到了。她在发抖。”又问：“是不是发烧了？你湿透了。我们也许应该去把史东医生请来。”但她知道我不是发烧，知道这和我在学校遇到的烦恼有关，因为我跟她讲了又讲奥德·汉得森怎么欺负我的。

可是我现在不讲了，再没什么好讲，因为她拒绝认为有什么人会像我说的这么坏。生活闭塞、缺乏阅历的苏柯小姐一直保持着天真的性情，这使她无法理解如此纯粹的邪恶。

“哦，”她会一边把热气揉搓进我冰凉的手心，一边说，“他只是因为嫉妒才挑中你的。他没你漂亮和聪明。”或者，不那么打趣地：“记住，巴迪，这个男孩的行为恶劣，是因为他忍不住，他不明白这有什么不好。所有汉得森家的小孩都处境艰难。你可以把这归因于达德·汉得森。我不喜欢说这个，可那个人什么都不是，只是恶棍和傻子。你知道B叔有次用马鞭抽他吗？看到他打一条狗，就马上用马鞭教训他。最大快人心的是有次他们把他锁在州农场。我记得莫莉·汉得森嫁给达德之前的样子。那时她十五六岁，是从河对岸某个地方来的新人。她给路那头的萨德·丹佛司家做工，学裁缝。她常常从这里过，看到我在花园里锄草，多有礼貌的姑娘，一头美丽的红发，对一切都心怀感激；有时我给她一束甜豌豆花或日本山茶，她总是那么充满谢意。后来她就和达德·汉得森手拉手散步了，他大她很多，一个十足的流氓，不管醒着还是醉着。哎，上帝总有他的理由。但太令人遗憾了。莫莉肯定还没过三十五，无计可施，不名一文，只有一屋子小孩要喂养。你得把这些也考虑进去。巴迪，容忍一下。”

容忍！说这个有什么用？不过，我朋友终于了解了我绝望的深重性。这种领悟是悄悄发生的，并非由我的夜半惊梦和哀求B叔的场景引发。那是十一月一个下雨的傍晚，我们两个坐在厨房里，靠着快要熄灭的炉火，碗碟都已叠起，奎妮蜷在摇椅上打呼噜。屋顶上雨声滴答，我听见我朋友在低声絮叨着什么，但我却还在想那烦心的事，没有注意听，虽然我知道她说的是关于感恩节的事情，只有一个礼拜就到了。

我的表亲们从来没结婚（B叔差点结了，但他的未婚妻退回了订婚戒指，因为想到结婚也意味着要和三个非常有个性的老处女同住一个屋檐下），却以家庭在这个地域广泛的亲族关系为傲，他们表亲众多，还有一个姑妈，一百零三岁的玛丽·泰勒·威尔赖特夫人。因为我们的房子最大，位置又最方便，所以这些亲戚们每年都会来我们这边过感恩节。虽然参加欢庆的人数很少会少于三十个，但任务却并不繁重，因为我们只要准备好场地，准备数量充足的填烤火鸡就够了。

客人们会带来配菜，每个人都贡献出自己的拿手好菜：一个两度搬家的亲戚，弗洛梅敦来的哈利埃特·帕克做了非常完美的橘椰盘，透明的橘切片和新研的椰肉搭配在一起；哈利埃特的姐姐艾丽斯每次呈上的是一盘葡萄干甜土豆泥；康科林一家，比尔·康科林先生和太太还有他们四个清秀的女儿，总是带来一大盘夏天里罐装的各色美味蔬菜。我个人的偏爱是一种香蕉凉布丁——那个老寿星姑妈的保密配方，虽然她很老了，可是做起家事来还是精力充沛。令人悲伤的是，1934年她在一百零五岁上死去的时候带走了这个秘方(她去世不是因为年龄到了而落幕，是在草原上遭到一头公牛的攻击和踩踏)。

苏柯小姐反复念叨着这些事情，而我的思绪却进入了一个像眼下的潮湿黄昏一样忧郁的迷宫中。突然我听到她的指节敲击饭桌的声响："巴迪？"

"啊？"

"你一个字都没听到。"

“对不起。”

“我估计今年我们需要五只火鸡。我跟B叔说到过这件事，他说他想要你杀鸡。还要你把它们开膛破腹拾掇干净。”

“为什么？”

“他说一个男孩应当知道怎么做这些事情。”

宰杀是B叔的活。看他杀猪或者拧鸡脖对我来说是一种考验。我朋友也是这么觉得的。我们两个谁也没法承受比掴苍蝇更血腥的暴力事件。因此她传达这个命令时的漫不经心，让我吃了一惊。

“哦，我不干。”

现在她笑了。“当然你不会。我会请巴伯尔或者别的有色男孩。给他五分钱。可是，”她像密谋似的压低声音，“我们可以做得让B叔以为是你干的。那样他会高兴，不再说这是很糟糕的事情。”

“什么糟糕的事情？”

“我们总在一起这件事。他说你应该有其他朋友，和你一般大的男孩。是的，他说的是对的。”

“我不想要其他朋友。”

“小声点，巴迪。小声点。你对我真好。我不知道没有你怎么办。我会变成一个乖戾老太婆。但我想看到你高兴，巴迪，看到你坚强，能够走出去面对世界。可是你如果不能学会和奥德·汉得森这样的人打交道，把他们变成朋友的话，你永远也走不出去。”

“他！他是世界上我最不想和他做朋友的人。”

“巴迪，请你邀那个男孩来参加感恩节宴会吧。”

虽然我们两个有时也为一些小事争辩，但我们从未争吵过。一开始我无法相信她是真的要邀请，以为那不过是一个蹩脚的玩笑。但然后，看到她很严肃，我委屈地意识到，我们差点吵了起来。

“我以为你是我的朋友。”

“我是，巴迪。真正的。”

“如果是，你就不会想出这样一件事情来。奥德·汉得森恨我。他是我的敌人。”

“他不恨你。他都不了解你。”

“那么我恨他。”

“因为你不了解他。我想要的就是这个。你们彼此增进一点了解的机会。然后麻烦就会消失的。也许你是对的，巴迪，也许你们两个男孩成不了朋友。但我想那样他可能就不会再盯着你了。”

“你不了解，你从来没恨过别人。”

“是的，我从来没有。分给我们每个人在地球上的时间都有限，我不想让上帝看到我以这样的方式消耗自己的时间。”

“我不会请他的，他会以为我疯了。我会疯的。”

雨小了，沉默被凄惨地拉长。我朋友清澈的眼睛审视着我，似乎我是张教士牌，她正在想怎么出。她拨开额上一缕椒盐色的卷发，叹了口气。“那么我会去。明天。”她说，“我会戴上帽子，去拜访一下莫莉·汉得森。”这一声言证明了她的决心，因为我从来不知道苏柯小姐会计划去拜访谁，不仅因为她完全缺乏社交才能，也因为她太害羞，提不出一次邀请。“我想他们家里不大过感恩节，莫莉可能会很高兴奥德过来坐在我们中间。哦，我知道B叔绝不会允许，但最好是把他们全邀请过来。”

我的笑声惊醒了奎妮。我朋友惊愕了一瞬，接着也大笑起来。她脸颊粉红，眼睛发亮，站起来抱住我，说："哦，巴迪，我知道你会原谅我，并且会认识到我的想法是有一点道理的。"

她错了。我笑是有别的原因。两个。一是想到B叔给那很难对付的汉得森一家人切火鸡的场景。二是我意识到其实我没有必要惊慌。苏柯小姐也许会将邀请送出，而奥德的妈妈也许会代替他接受，但奥德永远也不会到来。

他太骄傲。比如，在大萧条岁月里，学校里会分发免费牛奶和三明治给所有家里穷得准备不起一盒午饭的孩子们。可是奥德，尽管很消瘦，却拒绝领取任何此类发放物。他会独自走开，在一边大嚼一包花生，或者啃一棵硕大的生芜菁。这种骄傲是汉得森一家的家族特征：他们会偷，会从死人嘴里撬金牙，但他们从来不会接受一样公开赠予的礼物，因为所有带有慈善意味的东西对他们都是冒犯。奥德肯定会把苏柯小姐的邀请视为一次慈善之举，或者——并非会错意地——视为一种让他放过我的变相警告。

那天晚上我带着轻松的心情上床，因为很肯定我的感恩节不会被这样一个不合时宜的访客的到来而破坏。

第二天早晨我得了重感冒，我很开心，因为这意味着不用上学了。这也意味着我可以在房间里生上一盆火，有奶油番茄汤喝，还可以一个人看上几小时的米考伯先生和大卫·科波菲尔德[①]，最最快乐的床上时光。天上下起了小雨。可我朋友真的说到做到，她取了帽子，一顶装饰着年久失色的天鹅绒玫瑰花的宽檐圆草帽，往汉得森家去了。“我去一下就来。”她说。实际上，她走开了一个多小时。除了她自己和我之外，我无法想象苏柯小姐能够和什么人维持这么长的一次谈话。（她经常自言自语，这是有着孤独天性的正常人的一种习惯。）她回来的时候，看上去筋疲力尽。

仍旧戴着她的草帽，穿着宽松的旧雨衣，她往我嘴里塞了支体温计，然后坐在床脚边。“我喜欢她。”她语气坚定地说，“我一直挺喜欢莫莉·汉得森。她竭尽所能，房间干净得像鲍伯·斯宾塞的指甲，”鲍伯·斯

① 狄更斯小说《大卫·科波菲尔德》中的人物。

宾塞是一个以讲究清洁而著称的浸礼会牧师——“可冷得很。屋顶是铁皮的，风就直往屋里灌，壁炉里没有一星火。她问我要不要喝什么，我当然很想来杯咖啡，但我说不。因为我觉得她家里没有备用的咖啡，或者糖。

“我感到很惭愧。巴迪。看见有人像莫莉那样为生存挣扎，我一路上都非常难过。从来没过过舒心的日子。我不是说人应该想要什么就有什么。可是，想一想我也不认为这有什么不对。你应该有辆自行车骑，奎妮难道不应该每天啃根牛骨吗？是的，现在我想到了，我理解了，我们每个人都应该拥有我们想要的。我跟你打一角钱赌，这是主的意愿。看到我们周围这么多人都没法满足最平常的需要，我就感到惭愧。哦，不是为我自己，因为我是谁啊，一个一无所有的老东西。要不是有个家庭可依靠，我已经饿死了，或者给送到县孤老院去了。我惭愧的是我们这些人还有用不掉的东西，而别人却什么都没有。

“我跟莫莉提到我们有一些从来用不到的被子——阁楼上有一大箱百衲被，还是我年轻的时候做的，因为那时不大能出门，但她打断了我，说汉得森一家现在过得很好，谢谢，他们唯一盼望的事情就是达德能获释，回到家人身边。‘苏柯小姐，’她对我说，‘达德是个好丈夫，不管他还做过别的什么。’说这些话的时候，她还要照看孩子们。

“还有，巴迪，你一定误解了她儿子奥德。至少在一定程度上。莫莉说他是个好帮手，巨大的安慰。从不抱怨，不管她派给他多重的家务活。说他唱歌和收音机里一样好听，弟妹们争吵的时候，他就唱歌，让他们安静下来。上帝保佑，”她叹了口气，抽出温度计，说，“对于像莫莉这样的人，我们能做的就是尊重他们，为他们祈祷。”

温度计让我一直开不了口，现在我问：“那么邀请呢？”

“有些时候，”她皱起眉头盯着温度计上的红色线条，说，“我想这双眼快不行了。到了我这个年纪，一个人看周围的东西就要凑得很近。你只能记清蜘蛛网实际上是什么样子的。对于你的问题，莫莉很高兴听到你这样想着奥德，请他过来过感恩节。”她忽略我的呻吟声，接着说："她说他肯定会等不及要来。你的温度刚过一百度。我猜你明天也可以留在家里了。这应该会让你笑吧。让我看看你的笑啊，巴迪。"

不出她所言，盛宴前的几天我笑得很多，因为我的感冒发展成了咽炎，那一段时间都没有去学校。我没和奥德·汉得森碰过面，因此没能亲自确认他对邀请的反应。但我可以想见，对此他肯定先是哈哈大笑继而唾弃之。我并不担心他真的会出现。可能性太小，就像奎妮不可能朝我狂吠，苏柯小姐也不可能背叛我对她的信任一样。

可是奥德的阴影还在，一个一头红发的剪影笼罩在我快乐的边缘。我也很好奇他妈妈对他的那番描述，我想知道他是否真的有另外一面，邪恶之中还保留着一点人性。这不可能！谁要是这么相信，那么他就会在吉卜赛人到镇上来的时候，不锁门就离开家。你只要看看他那副样子就够了。

苏柯小姐觉察到我的咽炎并没有装出来的那么严重，于是早晨别人不在的时候——B叔去了农场，姐姐们去了干货店，她也容许我下床，甚至让我帮着一起打扫屋子，每年感恩节聚餐前夕都要像春天时一样来次大扫除。好多事情要做，足够十二个人忙。我们擦亮前厅的家具、钢琴、黑色古董柜（里面只放了她姐姐们去亚特兰大做生意时带回来的石山[①]上的山石）、线条富于几何感的胡桃木摇椅、华丽的比德迈式物件，并给它们打上柠檬香的蜡，直到这整个地方亮得像块柠檬皮，而气味也像一个柠檬园。窗帘洗过又挂了起来，枕头也捶过，地垫也打过了。十一月明亮的阳光漏进高大的房间，随便往哪里一瞧，都可以看见微尘和细小羽毛在浮动。可怜的奎妮被驱赶到厨房里，因为怕她可能会在家中那些体面区域掉毛或掉虱子。

最细致的活是准备装饰餐厅用的桌布和餐巾。那些亚麻布还是我朋友的妈妈留下来的，那是她的嫁妆。虽然一年里只用一两次，过去的八十年用了两百来次，可那些布已经八十岁了，补丁和褪色的斑点都很明显。也许一开始用的就不是好料子，可苏柯小姐对待它们的样子就好像那是金手指用天上的织机织出来的一样：

---

① 美国南部佐治亚州亚特兰大市东郊的一处名胜，石山由天然生成的巨大岩石构成，山坡上刻有南北战争时期南方政府三位将军的巨型浮雕像。

“我妈妈说：‘也许有一天我们只能端得出井水和冷玉米面包，但至少我们还能把食物放在铺着体面亚麻布的桌子上。’”

晚上，白天的忙碌之后，家里其他地方都黑了，一盏微弱的灯却还燃着。我朋友坐在床上，膝头放着亚麻餐巾，她在用针线缝补上面的开裂处，并去掉污迹。她额头紧皱，使劲地眯着眼睛，可那种照亮全身的欣喜神情，就像一个疲惫的朝圣者终于来到了旅程终点的圣坛前。

远处法院里清脆的钟声敲过十下，十一下，十二下，一个又一个钟头过去了，我醒过来看到她的灯还亮着，就迷迷糊糊地摸进她的房间，责备说：“你该睡觉了！”

“马上，巴迪。我现在睡不着。一想到那么多人要来，我就害怕。头又开始晕了，”她说着停下针线，揉起眼睛来，“晕得眼冒金星。”

菊花，有些和婴儿的头一样大，一缕缕卷曲的花瓣，一分币般的黄颜色中隐约又透着薰衣草的紫。“菊花，”我们手持砍花头的大剪刀穿行在花园的繁花丛中时，我朋友说，“就像狮子。有王者的气度。我总是希望它们会跳起来。一声咆哮扑向我。”

类似的话会惹得别人对苏柯小姐感到奇怪，但我只是现在回想时才明白这一点，因为那时我总是能理解她的意思，比如这次这句话，把这么多美丽的咆哮的吼叫的狮子抱回家，把它们关到我们破旧的花瓶里（我们在感恩节前的最后一项装饰举措）的想法，让我们乐不可支，咯咯傻笑，很快就笑得喘不上气来。

“瞧瞧奎妮，”我朋友开心地结巴着，“瞧瞧她的耳朵，巴迪。竖得笔直了。她在想，哦，我和什么样的神经病混在一起啊。啊，奎妮，到这里来。宝贝。我要给你一片蘸过热咖啡的饼干。”

一个生机勃勃的日子，那个感恩节。那么生机勃勃，一阵阵大雨下下停停，又突然放晴，一束束太阳直射下来，还有突来的疾风攫走了残留的秋叶。

房子里的闹声也是那么可爱：锅碗瓢盆，B叔穿着吱扭作响的礼拜天西服站在大厅里，用他那久置不用因而生锈的嗓音欢迎客人的到来。有几个客人是坐在马背上或骡车上过来的，大部分都是坐着洗亮的农场卡车或摇晃的小汽车过来的。康科林先生和太太以及他们四个美丽的女儿开着一辆薄荷绿的1932款雪佛兰来了（康科林先生很有钱，他拥有好几艘渔帆船，在牟拜尔以外的地方经营），这样东西引发了在场男士们热烈的好奇心，他们又是研究又是察探，只差没把它拆了。

第一批来到的客人是玛丽·泰勒·威尔赖特夫人，陪同来的还有她的监护人，一对孙子和孙媳。威尔赖特夫人是个漂亮的小东西。年龄于她就像头上的小红帽一样轻巧，而那帽子又像香草圣代上的樱桃，轻巧地栖落在她牛奶样的白发上。“亲爱的波比，”她说着抱住了B叔，“我知道我们来早了一丁点，可你知道我的，总是准时得过头。”这是一个应该的道歉，因为现在还不到九点，而我们预期客人在中午之前一点到就可以了。

不过，每个人都到得比我们期待得早，除了派克·麦克劳德一家，他们在三十英里的路途中遭遇了两次爆胎，到的时候气呼呼地直跺脚，尤其是麦克劳德先生，弄得我们直为瓷器担心。大部分人一年到头都住在不易出行的偏僻地方：闭塞的农场，火车见信号才停的小站和岔路口，河边空落的村庄和松林深处的伐木营地。因此当然是迫切的心情促使他们早来，准备着参加一个爱意浓浓、值得纪念的聚会。

事情就是这样。不久前，我收到一封康科林姐妹中的一个写来的信，她现在是一个海军上尉的妻子，住在圣地亚哥。她写道："到了一年的这个时候，我就经常想起你，我想是因为亚拉巴马的那个感恩节上发生过的事情。那是苏柯小姐去世前几年，是1933年？哦，我永远不会忘记那天。"

到了中午，前厅里再也挤不下另外一个人，那里就像一个蜂巢，嗡嗡响着女人们闲聊的碎语，弥漫着她们的香气：威尔赖特夫人散发着丁香水的味道，而安娜贝尔·康科林是雨后天竺葵的香。烟草的气味从门廊处发散开来，尽管天气变幻莫测，一会儿雨打一会儿风吹日又晒，大多数男人们还是簇拥在那里。烟草对这里来说是陌生的物质。诚然，苏柯小姐时不时会偷偷地吸点鼻烟，可能是有人交给她保管的，但她拒绝讨论这件事。她的姐姐们如果怀疑到这上面的话，会觉得很丢面子的。而B叔也是，因为他对一切刺激品都持强硬反对态度，从道德上和药理上都谴责它们的使用。

雪茄浑厚的芳香、烟斗中强烈的刺鼻气味，以及它们所唤起的玳瑁般丰富的感觉，吸引着我，我不时从前厅走到门廊上，虽然我更喜欢待在前厅，因为康科林姐妹在那里。她们轮流弹着我们调过音的钢琴，很会弹，却只是弹着玩，嬉闹着没点正经的样子。《印第安爱的呼唤》是她们的保留曲目，还有一首1918年的战时歌谣，唱一个小孩哀求家中的窃贼时的哀叹，名字叫《别偷爸爸的奖章，那是他用勇敢换取的》。安娜贝尔边弹边唱。她是姐妹中最大和最漂亮的，不过要比较她们其实挺费力，因为她们就像高度不一的四连音。你会想到苹果，紧密、芬芳、香甜，但却有点苹果酸。她们的头发，编成松松的辫子，有着一匹驯养得很好的黑色赛马那样的乌蓝光泽，还有一些地方，比如眉毛、眼睛和笑起来时的嘴巴，翘起来的样子很特别，更添风致。最可爱的是她们都有一点丰满，准确地说，是“丰盈”。

正是在听安娜贝尔弹琴，爱上她的时候，我感觉到了奥德·汉得森。我说感觉到，是因为在看到他之前，我就知道他来了：一种危险临近的预感提醒了我，就像一个有经验的伐木人在遭遇眼镜蛇或响尾蛇之前的感觉一样。

我转过身，那家伙站在前厅门口，一半在门里，一半在门外。在别人眼里，他可能只是一个邋遢的十二岁瘦竹竿男孩，为了来到这个场合做了一些努力：把乱糟糟的头发分开梳理了一下，梳子的槽痕还潮湿而清晰。但对我来说，他是不速之客，像从瓶子里放出来的妖怪一样邪恶。我真是个猪头啊，竟然以为他不会出现！只有驴子才会没有想到，他会出于恶意前来，破坏我等待的这一天他会很快乐。

可是奥德还没看到我：安娜贝尔吸引了他的注意力。她灵敏而有力的手指在翘起的琴键上面翻飞，他望着她，张着嘴，眼睛眯成一条缝，好像他撞见她脱掉了衣服，在河水里洗澡一样。他像是沉浸在某种理想的幻象中。本来就红的耳朵现在变得像红辣椒一样。门里的情景让他发呆，我因此能够从他身边直接挤出来，跑过大厅来到厨房。“他来了！”

我朋友几小时前就完成了她的工作，而且她还有两个有色女人帮忙。然而从聚会一开始，她就一直躲在厨房里，装着在陪伴被驱逐的奎妮。事实上，她只是害怕混迹任何人群，即便是亲戚们组成的人群。这也是她为什么那么信赖《圣经》和里面的人物，却很少去教堂的原因。虽然她喜欢所有的孩子，和他们能自在相处，但人们却不能把她当成一个孩子，而她自己，也无法把自己当成一个大人，在他们中间她会像个害羞的大姑娘一样举止无措，沉默，惊愕。但聚会这个想法也会令她欣喜。多么遗憾啊，她不能隐身加入，如果那样她该会觉得多快乐啊。

我注意到我朋友的手在抖，我的也是。她通常的行头包括棉布花裙、网球鞋和B叔的旧毛衣。她没有适合这样拘礼的场合的衣服。可今天她穿的是从她强壮的姐姐那里借来的衣服，人仿佛淹没在了里面。那是一条恐怖兮兮的藏青裙子，我记得它的主人参加县里每场葬礼的时候都穿着它。

“他来了。”我第三遍告诉她，“奥德·汉得森。”

“那么你为什么不和他在一起？”她告诫说，“这样不礼貌，巴迪。他是你的客人，你应该到那里去把他介绍给每个人，让他玩得开心。”

“我做不到。我不能和他说话。”

奎妮蜷缩在她的膝盖上，享受着头部抚摩。我朋友站起来，把奎妮倒了出去，露出一段沾着狗毛的藏青的衣料，说：“巴迪，你说你还没和那个孩子说过话！”我的无礼使她忘记了自己的胆怯，抓住我的手，她领我走去前厅。

她没必要为了奥德的利益而恼火的。安娜贝尔·康科林的魅力已经把他吸引到了钢琴边。事实上，他缩在她旁边的琴凳上，坐着欣赏她悦目的侧影。他的眼睛是半透明的，像那条鲸鱼填充标本的眼珠。（那年夏天一个巡游马戏团经过我们镇，广告上说那个标本就是《白鲸》里的莫比·迪克[①]，要五分钱才能看一眼它的残骸。那些骗子！）说到安娜贝尔，她会和所有能走能爬的东西调情。不，这么说不公平，因为那其实只是一种慷慨之举，她的活泼态度。可是，看到她讨好那个骡夫仍然让我很受伤。

我朋友一边把我拉上前，一边向他介绍自己：“巴

① 《白鲸》是十九世纪美国作家赫尔曼·麦尔维尔的代表作。莫比·迪克是书中最后撞沉大船的那条大白鲸的名字。

迪和我，我们很高兴你能来。”奥德的举止像头公山羊：他既没有站起来伸出手，也根本瞧都没瞧我们一眼。我朋友虽然有点气馁，但仍硬着头皮说：“也许奥德能给我们唱支歌，我知道他会唱。他妈妈告诉我的。安娜贝尔，甜心，弹一首奥德能唱的曲子吧。”

往前面翻，我发现我没有仔细描述过奥德·汉得森的耳朵——一个大遗漏，因为它们实在太抓人眼球，就像喜剧片《我们这一伙》里面阿尔法发的一样。现在，因为安娜贝尔非常殷勤地接受了我朋友的请求，他的耳朵都通红透亮得跟甜菜一样了，能刺痛你的眼。他含糊地嘟哝着，羞愧地摇头。安娜贝尔说：“你知道《我看见了光》吗？”他没有，但对她接下来的一个询问，他以咧嘴一笑肯定地回应。最傻的傻瓜都能看出他的谦逊全是假装的。

安娜贝尔轻声笑着，敲出深沉的和弦，奥德用他那早熟的男子嗓音开唱了：“当那红色的，红色的知更鸟来了，飞呀飞呀飞过来。”亚当的苹果[1]在他紧绷的喉

---

① 指男子的喉结。

头跳动，安娜贝尔热情高涨。注意到这个节目，女人们的尖声嘈杂也变小了。奥德很棒，他肯定是会唱的。强烈的嫉妒像电流一样从我心里穿过，足够电死一个杀人犯。我当时的想法就是要杀人。我简直能像掴死一只蚊子那样杀了他。还不够。

我再次溜到了门廊上，去找我的岛，甚至连我朋友都没注意到，她沉浸在音乐节目中。岛是我给房子里一个地方取的名字，当我感到忧伤或者莫名兴奋，或者只是想考虑一些事情的时候，我就会去那里。那是一个连着卫生间的巨大壁橱。卫生间本身，除去洁具以外，就像一个温馨的冬日前厅，里面有一个马毛的双人沙发、几块小地毯、一个柜子、一个壁炉、一些画框（里面是《医生的来访》、《九月早晨》、《天鹅湖》的复制品)，还有大量的日历。

壁橱上有两面花玻璃小窗，上面是菱形的玫瑰图案，琥珀色和绿色的光透过玻璃滤进来，窗子外面正对着卫生间。玻璃上到处都是掉色或者缺失的斑点，用一只眼对着这些空白处，就能看清外面的来人。我在那里独坐了一会，思虑着敌人的成功，脚步声响了，是玛丽·泰勒·威尔赖特夫人，她站在一面镜子前，用一个粉扑拍了拍脸，给古老的脸颊上了腮红，然后，仔细端详着效果，宣布道："很好，玛丽。就连玛丽自己也这么说。"

众所周知女人比男人活得长。会不会仅仅是因为这强大的虚荣心使然呢？不管怎样，威尔赖特夫人让我的心情变好了，她走后，房子里响起一阵欢快的午餐铃，我决定离开避难所，去享用一顿美餐，不管奥德·汉得森怎么样。

可就在那时脚步声又回响起来。他出现了，看上去不像以前我见他时那么阴沉。他昂首阔步，吹着口哨走进来，解开扣子，放出一股强劲的水流。他一直在吹口哨，快活得像只葵花地里的松鸦。他正要离开时，柜子上一个敞开的盒子招惹了他的注意。那是一个雪茄盒，我朋友用来装从报纸上撕下来的菜谱和其他小玩意儿的，里面还有她父亲很早以前给她的一个浮雕宝石胸针。撇开情感价值不说，她的想象力也赋予了这个物件珍贵的价值。每当我们为什么事情对她姐姐们和B叔产生严重不满时，她就会说："别介意，巴迪。我们可以卖掉我的胸针然后走掉。我们可以坐巴士去新奥尔良。”虽然从未讨论过到达新奥尔良之后我们能做什么，或者胸针款用完了之后我们何以为生，但我们都很珍视这个幻想。也许我们两个心里都知道这个胸针只是一个西尔斯·罗巴克公司[①]卖的新巧小玩意。但还是一样，它在我们眼中似乎是一样具有真正魔力的法宝，虽未检验过，但如果我们真的决定到外面寓言般的世界里去碰碰运气的话，它就是一种能承诺我们自由的魔法。因此我朋友从来不戴着它，那是太珍贵的宝物，我们冒不起丢失或者毁坏的风险。

现在我看见奥德渎圣的手指伸了过去，看着他把它放在手掌上掂了几下，又放回盒子里，转身走了。然后又回来了，这次他飞快地拿回了胸针，偷偷放进口袋。我怒火中烧，第一反应是想冲出壁橱向他发难。在那一刻，我相信我能将奥德按到地板上。可是——你记得吗，在淳朴年代里，那些漫画家常常在马特或者杰夫或别的什么人眉头上画一个白炽灯泡，来代表一个想法

① 美国著名私人零售企业，以向乡村提供邮购服务起家。

的诞生。我现在就是这么回事，一个嘶嘶作响的灯泡突然在我脑子里亮了起来。其震撼力与光芒让我感觉灼热和颤抖——也让我大笑。奥德给了我一个理想的报复机会，一个可以抵消所有苍耳之耻的机会。

在餐厅里，长长的餐桌已经被联排成一个T字形，B叔坐在上手中央，玛丽·泰勒·威尔赖特夫人坐在他右边，康科林夫人在他左边。奥德坐在两个康科林姐妹中间，其中一个是安娜贝尔，她的恭维让他一直处在最佳状态。我朋友把自己安排在下手和最小的孩子们坐一起。根据她的说法，她选择这个位置是因为离厨房近，但当然这是因为她就想坐这儿。奎妮，不知怎么获得了自由，在桌子底下，兴奋地摇头摆尾，穿梭在一排排的人腿中间。这样似乎没有人反对，可能是因为大家都被桌上的美食给催眠了：未切的整只火鸡呈现出美味诱人的光泽，而俄克拉马菜肴、玉米、炸洋葱圈和热碎肉馅饼上则散发出诱人的香气。

若不是因为想到全面报复计划而心跳加速、口干舌燥的话，我自己的嘴肯定也大流口水了。有一刻，瞥到奥德·汉得森红光满面的脸，我感觉有一点点遗憾，但我真的没有不安。

B叔诵读祷词。他垂下头，闭上眼，粗皮厚茧的手虔诚地合拢，吟诵道："感谢你，哦主，为餐桌上这慷慨的赐予，这各色的水果，我们在这艰难一年的感恩节还能够满怀感激。"他那不常听到的嗓音，低沉沙哑，带着空洞的杂音，宛如废弃教堂里的一把旧风琴："阿门。"

然后，大家把椅子放正，摆放餐巾的声音窸窣作响，我一直在留神听着，等待中那必要的安静时分终于来临。"这里有个贼。"我咬字清楚地说，接着又用更加沉着的调子重复这一指控，"奥德·汉得森是个贼。他偷了苏柯小姐的浮雕胸针。"

餐巾在人们伸出去却僵在那里的手中闪耀。男人们咳嗽着，康科林姐妹齐声惊叹，小小的小派克·麦克劳德开始打嗝，就像非常小的小孩受惊吓时那样。

我朋友结结巴巴地说："巴迪不是那个意思，他只是在逗笑。"语气既责备又难过。

"我就是那个意思，你如果不相信我，就去看一下你的盒子。胸针不在那里。奥德·汉得森把它放进口袋了。"

"巴迪患了严重的咽炎，"她喃喃说着，"别怪他，奥德。他不知道自己在说什么。”

我说 :“去看看你的盒子。我看见他拿的。”

B 叔用一种警告式的冷酷表情瞪着我，发话了。“你最好去看看。”他对苏柯小姐说，“这样才能弄清楚。”

我朋友一向不大会违背哥哥的意思。现在也不会。可她面色苍白，双肩羞愤地弯起，这表明她是多么不情愿接受这个差遣。她只去了一分钟，可她的消失似乎持续了一万年。敌意萌发，又顺着餐桌蔓延，就像一根以不可思议的速度迅速生长的棘藤，可被困在藤蔓里的却不是被告，而是他的原告。我胃里直犯恶心。可那一边奥德却平静得像具尸体。

苏柯小姐回来了，面带笑容。“巴迪，太过分了。”她责备说，一个手指摇了摇，“你怎么开这样的玩笑。我的胸针就在原来的地方。”

B 叔说 :“巴迪，我希望听到你向我们的客人道歉。”

“不，他不需要这么做。”奥德·汉得森说着站起来，“他说的是真话。”他从口袋里掏出胸针放在桌上。“我希望自己能找到一个借口。可是我没有。”他一边向门口走，一边说，“你一定是一位特别的夫人，苏柯小姐。为我撒这样的谎。”然后，可恶的人，他就径直走出去了。

我也是。但我是跑的。我把椅子往后一推，把它弄翻了。撞击声惊吓了奎妮。她从桌子底下飞蹿出来，吠叫着龇出它的牙齿。苏柯小姐在我经过她身边时，想要拦住我：“巴迪！”可是我不想再理她和奎妮了。一条朝我凶巴巴叫的狗，一个站到奥德·汉得森那边的朋友。她为挽救他的面子撒谎，背叛了我们的友谊、我的爱，这些我以为永远都不会发生的事情。

房子下面是辛普森家的草地，十一月的高草颜色金金黄黄，一片烂漫。草地边上有一个灰色谷仓、一个猪圈、一个围篱鸡舍和一个烟房。我钻进烟房里，那是一个漆黑的房间，即便在最热的夏天也很凉快。里面是泥土地面，有一个散发胡桃木屑和杂酚气味的烟窖。一排排的火腿从椽子上挂下来。这里本是我刻意避开的地方，可现在里面的黑暗似乎是一种庇护。我倒在地上，肋骨猛烈地起伏，像被搁浅在沙滩上的鱼的鱼鳃。我也不在意这样会糟蹋了身上的好衣服，一套配长裤的西服，在地上的泥巴、灰屑和猪油的混杂物中间打起滚来。

有件事我知道：我要离开这个家，这个镇子，就在这个晚上。我要上路，跳上一辆货车，去加利福尼亚。到好莱坞以擦鞋为生。弗莱德·阿斯泰尔的鞋。克拉克·盖博的。或许我自己也会成为一个明星。看看杰基·库柏。哦，到那时他们会难过的。当我有钱有名却拒绝回他们的信甚至电报的时候，很可能。

忽然我想到一件会令他们更难过的事情来。烟房的门半开着，一刀阳光照亮了一个架子上的几个瓶子。落满尘灰的瓶子上面贴着骷髅头和交叉骨的标签。如果我喝下其中一瓶里的东西，那么上面餐厅里那些人，那些正在猛吃海喝的家伙，就会知道什么是难过的滋味了。这是值得的，只要能见到B叔发现我冰冷而僵硬地躺在地板上时的悔恨；这是值得的，为了听到我的棺材下到墓穴底下时人们的恸哭和奎妮的嗥叫。

只有一个忽然的想法把我拉住：我不会听得到这些的，我都死了，怎么听得到呢？除非你能看见哀悼者的悔恨和负疚，做死人显然没有什么能令人满足的地方。

肯定是B叔阻止苏柯小姐出来找我，直到最后一个客人离桌。到了快傍晚时我才听到她的声音隔着草地传过来。她轻轻地唤我的名字，忧伤得像一只哀鸠。我待在原地，没有答应。

是奎妮找到了我。她跑过来沿着烟房嗅了嗅，闻到我的气味便狂吠起来，又跑进来爬到我身边，舔我的手、一只耳朵和一边脸。她知道她对我不好了。

一会儿门被大开，光亮带变宽。我朋友说："到这里来，巴迪。"我想过去。她看到我时，大笑起来："天哪，孩子。你看上去像在焦油里浸过，可以粘羽毛了。"她没有责备我，也没有提到被糟蹋了的西服。

奎妮跑开去骚扰几头牛。我们跟着她走进草地，在一个树桩上坐下来。"我给你留了个鸡腿。"她说着递过来一个蜡纸包，"还有你喜欢的那块火鸡肉。拉拉肉。"

被悲惨情绪掩盖的饥饿感现在像拳头一样敲击着我的肚子。我把鸡腿啃得干干净净，又开始撕拉拉肉，许愿骨[①]锁着的那块最香甜的火鸡肉。

---

① 火鸡的锁骨，呈Y字形。美国人有一种吃法是，两人用力拉开，得到大的那半边的人，可以持骨许愿，因此叫许愿骨。

我吃的时候，苏柯小姐伸手拢着我的肩膀："我只想说一样事，巴迪。两个错误相加不等于正确。他拿胸针是做错了。可我们不知道他为什么拿。也许他没想就这么拿走。不管他出于什么原因，我们本是没法揣测的。这就是为什么你想做的事情就更错了：你故意想要让他难堪。这是故意的。听我说，巴迪：只有一种罪不能被原谅，那就是故意的残忍。所有其他都能被原谅。这个永远不会。你理解我吗，巴迪？"

我理解，模糊地。时间过去了，我明白她是对的。可那时我能理解的，是因为我的报复失败了，我的方法肯定错了。奥德·汉得森——他怎么做到的？为什么？——表现得比我好，甚至比我更诚实。

"巴迪，你理解吗？"

"可能吧。拉一下。"我说，递给她一条许愿骨。

我们撕开它，我那一半更大，于是我可以许一个愿。她想知道我许的是什么愿。

"希望你仍旧是我朋友。"

"傻瓜。"她说着抱住我。

"永远吗？"

“我不会永远都在的，巴迪。你也不会。”她的声音像草地远处地平线上的太阳一样低了下去，接着，一秒钟寂静后，又像旭日初升那样高了起来，“不过是的，永远。主的意愿。我走了你还要过上很久，只要你记得我，我们就永远在一起。”……

从那以后，奥德·汉得森放过了我。他开始纠缠一个和他一般年纪的男生，斯奎罗·麦克米兰。第二年，奥德因为成绩太差和行为恶劣，我们校长不许他再来上课，所以他冬天就在一个牛奶场做帮手。我最后一次看到他之后不久，他搭车去了牟拜尔参加商船队，然后就消失了。那应该是在我被悲惨地打发到一个军事学院去的前一年。两年后，我朋友去世。这样算来那是1934年秋天。

苏柯小姐把我唤到花园里。她移栽了一株正在开花的菊花到一个铁皮浴桶里，需要有人帮忙把它拖到前廊上，在那里好好地展示一下。那玩意比四十个肥海盗还重，我们徒劳无功地与之搏斗时，奥德·汉得森顺着大路走过来。他在园门外停了一下，然后就打开门，说：“夫人，让我来帮你吧。”牛奶场的生活对他大有好处。他更健壮了，胳膊上肌肉突起，脸上的红色加深为一种红宝石的深棕红。他轻松地举起大桶，放到了走廊上。

我朋友说："非常感激，先生。你如此友善。"

"没什么。"他说，仍旧忽略我。

苏柯小姐剪下一些最漂亮的花朵。"这些带给你妈妈。"她说着，把花束递给他，"致以我的爱。"

"谢谢，夫人。我会的。"

"哦，奥德，"他返身上路后，她冲他喊道，"小心。它们是狮子，你知道。"但他已经听不见了。我们望着他，直到他过了转角。他对自己携带的危险一无所知，那些菊花，冲着黄昏时低垂的青色天幕燃烧，咆哮，吼叫。

A CHRISTMAS MEMORY

Imagine a morning in late November. A coming of winter morning more than twenty years ago. Consider the kitchen of a spreading old house in a country town. A great black stove is its main feature; but there is also a big round table and a fireplace with two rocking chairs placed in front of it. Just today the fireplace commenced its seasonal roar.

A woman with shorn white hair is standing at the kitchen window. She is wearing tennis shoes and a shapeless gray sweater over a summery calico dress. She is small and sprightly, like a bantam hen; but, due to a long youthful illness, her shoulders are pitifully hunched. Her face is remarkable–not unlike Lincoln's, craggy like that, and tinted by sun and wind; but it is delicate too, finely boned, and her eyes are sherry-colored and timid. "Oh my," she exclaims, her breath smoking the windowpane, "it's fruitcake weather!"

The person to whom she is speaking is myself. I am seven; she is sixty-something. We are cousins, very distant ones, and we have lived together–well, as long as I can remember. Other people inhabit the house, relatives; and though they have power over us, and frequently make us cry, we are not, on the whole, too much aware of them. We are each other's best friend. She calls me Buddy, in memory of a boy who was formerly her best friend. The other Buddy died in the 1880's, when she was still a child. She is still a child.

"I knew it before I got out of bed," she says,

turning away from the window with a purposeful excitement in her eyes. "The courthouse bell sounded so cold and clear. And there were no birds singing; they've gone to warmer country, yes indeed. Oh, Buddy, stop stuffing biscuit and fetch our buggy. Help me find my hat. We've thirty cakes to bake."

It's always the same: a morning arrives in November, and my friend, as though officially inaugurating the Christmas time of year that exhilarates her imagination and fuels the blaze of her heart, announces:"It's fruitcake weather! Fetch our buggy. Help me find my hat."

The hat is found, a straw cartwheel corsaged with velvet roses out-of-doors has faded: it once belonged to a more fashionable relative. Together, we guide our buggy, a dilapidated baby carriage, out to the garden and into a grove of pecan trees. The buggy is mine; that is, it was bought for me when I was born. It is made of wicker, rather unraveled, and the wheels wobble like a drunkard's legs. But it is a faithful object; springtimes, we take it to the woods and fill it with flowers, herbs, wild fern for our porch pots; in the summer, we pile it with picnic paraphernalia and sugar-cane fishing poles and roll it down to the edge of a creek; it has its winter uses, too: as a truck for hauling firewood from the yard to the kitchen, as a warm bed for Queenie, our tough little orange and white rat terrier who has survived distemper and two rattlesnake bites. Queenie is trotting beside it now.

Three hours later we are back in the kitchen hulling a heaping buggyload of windfall pecans. Our backs hurt from gathering them: how hard they were to find (the main crop having been shaken off the trees and sold by the orchard's owners, who are not us) among the concealing leaves, the frosted, deceiving grass. Caarackle! A cheery crunch, scraps of miniature thunder sound as the shells collapse and the golden mound of sweet oily ivory meat mounts in the milk glass bowl. Queenie begs to taste, and now and again my friend sneaks her a mite, though insisting we deprive ourselves. “We mustn’t, Buddy. If we start, we won’t stop. And there’s scarcely enough as there is. For thirty cakes.” The kitchen is growing dark. Dusk turns the window into a mirror: our reflections mingle with the rising moon as we work by the fireside in the firelight. At last, when the moon is quite high, we toss the final hull into the fire and, with joined sighs, watch it catch flame. The buggy is empty, the bowl is brimful.

We eat our supper (cold biscuits, bacon, blackberry jam) and discuss tomorrow. Tomorrow the kind of work I like best begins: buying. Cherries and citron, ginger and vanilla and canned Hawaiian pineapple, rinds and raisins and walnuts and whiskey and oh, so much flour, butter, so many eggs, spices, flavorings: why, we’ll need a pony to pull the buggy home.

But before these purchases can be made, there is the question of money. Neither of us has any. Except for skinflint sums persons in the house occasionally provide (a dime is considered very big money); or what we earn ourselves from various activities: holding rummage sales, selling buckets of hand-picked blackberries, jars of homemade jam and apple jelly and peach preserves, rounding up flowers for funerals and weddings. Once we won seventy-ninth prize, five dollars, in a national football contest. Not that we know a fool thing about football. It's just that we enter any contest we hear about: at the moment our hopes are centered on the fifty-thousand-dollar Grand Prize being offered to name a new brand of coffee (we suggested "A.M."; and, after some hesitation, for my friend thought it perhaps sacrilegious, the slogan "A.M.! Amen!"). To tell the truth, our only *really* profitable enterprise was the

Fun and Freak Museum we conducted in a backyard woodshed two summers ago. The Fun was a stereopticon with slide views of Washington and New York lent us by a relative who had been to those places (she was furious when she discovered why we'd borrowed it); the Freak was a three-legged biddy chicken hatched by one of our own hens. Everybody hereabouts wanted to see that biddy: we charged grownups a nickel, kids two cents. And took in a good twenty dollars before the museum shut down due to the decease of the main attraction.

But one way and another we do each year accumulate Christmas savings, a Fruitcake Fund. These moneys we keep hidden in an ancient bead purse under a loose board under the floor under a chamber pot under my friend's bed. The purse is seldom removed from this safe location except to make a deposit, or, as happens every Saturday, a withdrawal; for on Saturdays I am allowed ten cents to go to the picture show. My friend has never been to a picture show, nor does she intend to: "I'd rather hear you tell the story, Buddy. That way I can imagine it more. Besides, a person my age shouldn't squander their eyes. When the Lord comes, let me see him clear." In addition to never having seen a movie, she has never: eaten in a restaurant, traveled more than five miles from home, received or sent a telegram, read anything except funny papers and the Bible, worn cosmetics, cursed, wished someone harm, told a lie on purpose, let a hungry dog go hungry. Here are a few things she has done, does do: killed with a hoe the biggest rattlesnake ever seen in this county (sixteen rattles), dip snuff (secretly), tame hummingbirds (just try it) till they balance on her finger, tell ghost stories (we both believe in ghosts) so tingling they chill you in July, talk to herself, take walks in the rain, grow the prettiest japonicas in town, know the recipe for every sort of old-time

Indian cure, including a magical wart-remover.

Now, with supper finished, we retire to the room in a faraway part of the house where my friend sleeps in a scrap-quilt-covered iron bed painted rose pink, her favorite color. Silently, wallowing in the pleasures of conspiracy, we take the bead purse from its secret place and spill its contents on the scrap quilt. Dollar bills, tightly rolled and green as May buds. Somber fifty-cent pieces, heavy enough to weight a dead man's eyes. Lovely dimes, the liveliest coin, the one that really jingles. Nickels and quarters, worn smooth as creek pebbles. But mostly a hateful heap of bitter-odored pennies. Last summer others in the house contracted to pay us a penny for every twenty-five flies we killed. Oh, the carnage of August: the flies that flew to heaven! Yet it was not work in which we took pride. And, as we sit counting pennies, it is as though we were back tabulating dead flies. Neither of us had a head for figures; we count slowly, lose track, start again. According to her calculations, we have $12.73. According to mine, exactly $13. "I do hope you're wrong, Buddy. We can't mess around with thirteen. The cakes will fall. Or put somebody in the cemetery. Why, I wouldn't dream of getting out of bed on the thirteenth." This is true: she always spends thirteenths in bed. So, to be on the safe side, we subtract a penny and toss it out the window.

Of the ingredients that go into our fruitcakes, whiskey is the most expensive, as well as the hardest to obtain: State laws forbid its sale. But everybody knows you can buy a bottle from Mr. Haha Jones. And the next day, having completed our more prosaic shopping, we set out for Mr. Haha's business address, a "sinful" (to quote public opinion) fish-fry and dancing café down by the river. We've been there before, and on the same errand; but in previous years our dealings have been with Haha's wife, an iodine-dark Indian woman with brassy peroxided hair and a dead-tired disposition. Actually, we've never laid eyes on her husband, though we've heard that he's an Indian too. A giant with razor scars across his cheeks. They call him Haha because he's so gloomy, a man who never laughs. As we approach his café (a large log cabin festooned inside and out with chains of garish-gay naked light bulbs and standing by the river's muddy edge under the shade of river trees where moss drifts through the branches like gray mist) our steps slow down. Even Queenie stops prancing and sticks close by. People have been murdered in Haha's café. Cut to pieces. Hit on the head. There's a case coming up in court next month. Naturally these goings-on happen at night when the colored lights cast crazy patterns and the victrola wails. In the daytime Haha's is shabby and deserted. I knock at the door, Queenie barks, my friend calls: "Mrs. Haha, ma'am? Anyone to home?"

Footsteps. The door opens. Our hearts overturn. It's Mr. Haha Jones himself! And he is a giant; he *does* have scars; he *doesn't* smile. No, he glowers at us through Satan-tilted eyes and demands to know: "What you want with Haha?"

For a moment we are too paralyzed to tell. Presently my friend half-finds her voice, a whispery voice at best: "If you please, Mr. Haha, we'd like a quart of your finest whiskey."

His eyes tilt more. Would you believe it? Haha is smiling! Laughing, too. "Which one of you is a drinkin' man?"

"It's for making fruitcakes, Mr. Haha. Cooking."

This sobers him. He frowns."That's no way to waste good whiskey." Nevertheless, he retreats into the shadowed café and seconds later appears carrying a bottle of daisy yellow unlabeled liquor. He demonstrates its sparkle in the sunlight and says: "Two dollars."

We pay him with nickels and dimes and pennies. Suddenly, jangling the coins in his hand like a fistful of dice, his face softens."Tell you what," he proposes, pouring the money back into our bead purse, "just send me one of the fruitcakes instead."

"Well," my friend remarks on our way home, "there's a lovely man. We'll put an extra cup of raisins in *his* cake."

The black stove, stoked with coal and firewood, glows like a lighted pumpkin. Eggbeaters whirl, spoons spin round in bowls of butter and sugar, vanilla sweetens the air, ginger spices it; melting, nose-tingling odors saturate the kitchen, suffuse the house, drift out to the world on puffs of chimney smoke. In four days our work is done. Thirty-one cakes, dampened with whiskey, bask on window sills and shelves.

Who are they for?

Friends. Not necessarily neighbor friends:

indeed, the larger share are intended for persons we've met maybe once, perhaps not at all. People who've struck our fancy. Like President Roosevelt. Like the Reverend and Mrs. J. C. Lucey, Baptist missionaries to Borneo who lectured here last winter. Or the little knife grinder who comes through town twice a year. Or Abner Packer, the driver of the six o'clock bus from Mobile, who exchanges waves with us every day as he passes in a dust-cloud whoosh. Or the young Wistons, a California couple whose car one afternoon broke down outside the house and who spent a pleasant hour chatting with us on the porch (young Mr. Wiston snapped our picture, the only one we've ever had taken). Is it because my friend is shy with everyone *except* strangers that these strangers, and merest acquaintances, seem to us our truest friends? I think yes. Also, the scrapbooks we keep of thank-you's on White House stationery, time-to-time communications from California and Borneo, the knife grinder's penny post cards, make us feel connected to eventful worlds beyond the kitchen with its view of a sky that stops.

Now a nude December fig branch grates against the window. The kitchen is empty, the cakes are gone; yesterday we carted the last of them to the post office, where the cost of stamps turned our purse inside out. We're broke. That rather depresses me, but my friend insists on celebrating—with two inches of whiskey left in Haha's bottle. Queenie has a spoonful in a bowl of coffee (she likes her coffee chicory-flavored and strong). The rest we divide between a pair of jelly glasses. We're both quite awed at the prospect of drinking straight whiskey; the taste of it brings screwed-up expressions and sour shudders. But by and by we begin to sing, the two of us singing different songs simultaneously. I don't know the words to mine, just: *Come on along, come on along, to the dark-town strutters' ball*. But I can dance: that's what I mean to be, a tap dancer in the movies. My dancing shadow rollicks on the walls; our voices rock the chinaware; we giggle: as if unseen hands were tickling us. Queenie rolls on her back, her paws plow the air, something like a grin stretches her black lips. Inside myself, I feel warm and sparky as those crumbling logs, carefree as the wind in the chimney. My friend waltzes round the stove, the hem of her poor calico skirt pinched between her fingers as though it were a party dress: *Show me the way to go home*, she sings, her tennis shoes squeaking on the floor. *Show me the way to go home.*

Enter: two relatives. Very angry. Potent with eyes that scold, tongues that scald. Listen to what they have to say, the words tumbling together into a wrathful tune: "A child of seven! whiskey on his breath! are you out of your mind? feeding a child of seven! must be loony! road to ruination! remember Cousin Kate? Uncle Charlie? Uncle Charlie's brother-in-law? shame! scandal! humiliation! kneel, pray, beg the Lord!"

Queenie sneaks under the stove. My friend gazes at her shoes, her chin quivers, she lifts her skirt and blows her nose and runs to her room. Long after the town has gone to sleep and the house is silent except for the chimings of clocks and the sputter of fading fires, she is weeping into a pillow already as wet as a widow's handkerchief.

"Don't cry," I say, sitting at the bottom of her bed and shivering despite my flannel nightgown that smells of last winter's cough syrup, "don't cry," I beg, teasing her toes, tickling her feet, "you're too old for that."

"It's because," she hiccups, "I *am* too old. Old and funny."

"Not funny. Fun. More fun than anybody. Listen. If you don't stop crying you'll be so tired tomorrow we can't go cut a tree."

She straightens up. Queenie jumps on the bed (where Queenie is not allowed) to lick her cheeks. "I know where we'll find real pretty trees, Buddy. And holly, too. With berries big as your eyes. It's way off in the woods. Farther than we've ever been. Papa used to bring us Christmas trees from there: carry them on his shoulder. That's fifty years ago. Well, now: I can't wait for morning."

Morning. Frozen rime lusters the grass; the sun, round as an orange and orange as hot-weather moons, balances on the horizon, burnishes the silvered winter woods. A wild turkey calls. A renegade hog grunts in the undergrowth. Soon, by the edge of knee-deep, rapid-running water, we have to abandon the buggy. Queenie wades the stream first, paddles across barking complaints at the swiftness of the current, the pneumonia-making coldness of it. We follow, holding our shoes and equipment (a hatchet, a burlap sack) above our heads. A mile more: of chastising thorns, burs and briers that catch at our clothes; of rusty pine needles brilliant with gaudy fungus and molted feathers. Here, there, a flash, a flutter, an ecstasy of shrillings remind us that not all the birds have flown south. Always, the path unwinds through lemony sun pools and pitch vine tunnels. Another creek to cross: a disturbed armada of speckled trout froths the water round us, and frogs the size of plates practice belly flops; beaver workmen are building a dam. On the farther shore, Queenie shakes herself and trembles. My friend shivers, too: not with cold but enthusiasm. One of her hat's ragged roses sheds a petal as she lifts her head and inhales the pine-heavy air. "We're almost there, can you smell it, Buddy?" she says, as though we were approaching an ocean.

And, indeed, it is a kind of ocean. Scented acres of holiday trees, prickly-leafed holly. Red berries shiny as Chinese bells: black crows swoop upon them screaming. Having stuffed our burlap sacks with enough greenery and crimson to garland a dozen windows, we set about choosing a tree. "It should be," muses my friend, "twice as tall as a boy. So a boy can't steal the star." The one we pick is twice as tall as me. A brave handsome brute that survives thirty hatchet strokes before it keels with a creaking rending cry. Lugging it like a kill, we commence the long trek out. Every few yards we abandon the struggle, sit down and pant. But we have the strength of triumphant huntsmen; that and the tree's virile, icy perfume revive us, goad us on. Many compliments accompany our sunset return along the red clay road to town; but my friend is sly and noncommittal when passers-by praise the treasure perched in our buggy: what a fine tree and where did it come from? "Yonderways," she murmurs vaguely. Once a car stops and the rich mill owner's lazy wife leans out and whines: "Giveya twobits cash for that ol tree." Ordinarily my friend is afraid of saying no;

but on this occasion she promptly shakes her head: "We wouldn't take a dollar." The mill owner's wife persists. "A dollar, my foot! Fifty cents. That's my last offer. Goodness, woman, you can get another one." In answer, my friend gently reflects: "I doubt it. There's never two of anything."

Home: Queenie slumps by the fire and sleeps till tomorrow, snoring loud as a human.

A trunk in the attic contains: a shoebox of ermine tails (off the opera cape of a curious lady who once rented a room in the house), coils of frazzled tinsel gone gold with age, one silver star, a brief rope of dilapidated, undoubtedly dangerous candy-like light bulbs. Excellent decorations, as far as they go, which isn't far enough: my friend wants our tree to blaze "like a Baptist window," droop with weighty snows of ornament. But we can't afford the made-in-Japan splendors at the five-and-dime. So we do what we've always done: sit for days at the kitchen table with scissors and crayons and stacks of colored paper. I make sketches and my friend cuts them out: lots of cats, fish too (because they're easy to draw), some apples, some watermelons, a few winged angels devised from saved-up sheets of Hershey-bar tin foil. We use safety pins to attach these creations to the tree; as a final touch, we sprinkle the branches with shredded cotton (picked in August for this purpose). My friend, surveying the effect, clasps her hands together. "Now honest, Buddy. Doesn't it look good enough to eat?" Queenie tries to eat an angel.

After weaving and ribboning holly wreaths for all the front windows, our next project is the fashioning of family gifts. Tie-dye scarves for the ladies, for the men a home-brewed lemon and licorice and aspirin syrup to be taken "at the first Symptoms of a Cold and after Hunting." But when it comes time for making each other's gift, my friend and I separate to work secretly. I would like to buy her a pearl-handled knife, a radio, a whole pound of chocolate-covered cherries (we tasted some once and she always swears: "I could live on them, Buddy, Lord yes I could—and that's not taking His name in vain"). Instead, I am building her a kite. She would like to give me a bicycle (she's said so on several million occasions: "If only I could, Buddy. It's bad enough in life to do without something you want; but confound it, what gets my goat is not being able to give somebody something you want them to have. Only one of these days I will, Buddy. Locate you a bike. Don't ask how. Steal it, maybe"). Instead, I'm fairly certain that she is building me a kite—the same as last year, and the year before: the year before that we exchanged slingshots. All of which is fine by me. For we are champion kite-flyers who study the wind like sailors; my friend, more accomplished than I, can get a kite aloft when there isn't enough breeze to carry clouds.

Christmas Eve afternoon we scrape together a nickel and go to the butcher's to buy Queenie's traditional gift, a good gnawable beef bone. The bone, wrapped in funny paper, is placed high in the tree near the silver star. Queenie knows it's there. She squats at the foot of the tree staring up in a trance of greed: when bedtime arrives she refuses to budge. Her excitement is equaled by my own. I kick the covers and turn my pillow as though it were a scorching summer's night. Somewhere a rooster crows: falsely, for the sun is still on the other side of the world.

"Buddy, are you awake?" It is my friend, calling from her room, which is next to mine; and an instant later she is sitting on my bed holding a candle. "Well, I can't sleep a hoot," she declares. "My mind's jumping like a jack rabbit. Buddy, do you think Mrs. Roosevelt will serve our cake at dinner?" We huddle in the bed, and she squeezes my hand I-love-you.

"Seems like your hand used to be so much smaller. I guess I hate to see you grow up. When you're grown up, will we still be friends?" I say always. "But I feel so bad, Buddy. I wanted so bad to give you a bike. I tried to sell my cameo Papa gave me. Buddy—" she hesitates, as though embarrassed—"I made you another kite." Then I confess that I made her one, too; and we laugh. The candle burns too short to hold. Out it goes, exposing the starlight, the stars spinning at the window like a visible caroling that slowly, slowly daybreak silences. Possibly we doze; but the beginnings of dawn splash us like cold water: we're up, wide-eyed and wandering while we wait for others to waken. Quite deliberately my friend drops a kettle on the kitchen floor. I tapdance in front of closed doors. One by one the household emerges, looking as though they'd like to kill us both; but it's Christmas, so they can't. First, a gorgeous breakfast: just everything you can imagine—from flapjacks and fried squirrel to hominy grits and honey-in-the-comb. Which puts everyone in a good humor except my friend and I. Frankly, we're so impatient to get at the presents we can't eat a mouthful.

Well, I'm disappointed. Who wouldn't be? With socks, a Sunday school shirt, some handkerchiefs, a hand-me-down sweater and a year's subscription to a religious magazine for children. *The Little Shepherd.* It makes me boil. It really does.

My friend has a better haul. A sack of Satsumas, that's her best present. She is proudest, however, of a white wool shawl knitted by her married sister. But she says her favorite gift is the kite I built her. And it is very beautiful, though not as beautiful as the one she made me, which is blue and scattered with gold and green Good Conduct stars; moreover, my name is painted on it, "Buddy."

"Buddy, the wind is blowing."

The wind is blowing, and nothing will do

till we've run to a pasture below the house where Queenie has scooted to bury her bone (and where, a winter hence, Queenie will be buried, too). There, plunging through the healthy waist-high grass, we unreel our kites, feel them twitching at the string like sky fish as they swim into the wind. Satisfied, sun-warmed, we sprawl in the grass and peel Satsumas and watch our kites cavort. Soon I forget the socks and hand-me-down sweater. I'm as happy as if we'd already won the fifty-thousand-dollar Grand Prize in that coffee-naming contest.

"My, how foolish I am!" my friend cries, suddenly alert, like a woman remembering too late she has biscuits in the oven. "You know what I've always thought?" she asks in a tone of discovery, and not smiling at me but a point beyond. "I've always thought a body would have to be sick and dying before they saw the Lord. And I imagined that when He came it would be like looking at the

Baptist window: pretty as colored glass with the sun pouring through, such a shine you don't know it's getting dark. And it's been a comfort: to think of that shine taking away all the spooky feeling. But I'll wager it never happens. I'll wager at the very end a body realizes the Lord has already shown Himself. That things as they are"—her hand circles in a gesture that gathers clouds and kites and grass and Queenie pawing earth over her bone—"just what they've always seen, was seeing Him. As for me, I could leave the world with today in my eyes."

This is our last Christmas together.

Life separates us. Those who Know Best decide that I belong in a military school. And so follows a miserable succession of bugle-blowing prisons, grim reveille-ridden summer camps. I have a new home too. But it doesn't count. Home is where my friend is, and there I never go.

And there she remains, puttering around the kitchen. Alone with Queenie. Then alone. ("Buddy dear," she writes in her wild hard-to-read script, "yesterday Jim Macy's horse kicked Queenie bad. Be thankful she didn't feel much. I wrapped her in a Fine Linen sheet and rode her in the buggy down to Simpson's pasture where she can be with all her Bones ..."). For a few Novembers she continues to bake her fruitcakes single-handed; not as many, but some: and, of course, she always sends me "the best of the batch." Also, in every letter she encloses a dime wadded in toilet paper: "See a picture show and write me the story." But gradually in her letters she tends to confuse me with her other friend, the Buddy who died in the 1880s; more and more thirteenths are not the only days she stays in bed: a morning arrives in November, a leafless birdless coming of winter morning, when she cannot rouse herself to exclaim: "Oh my, it's fruitcake weather!"

And when that happens, I know it. A message saying so merely confirms a piece of news some secret vein had already received, severing from me an irreplaceable part of myself, letting it loose like a kite on a broken string. That is why, walking across a school campus on this particular December morning, I keep searching the sky. As if I expected to see, rather like hearts, a lost pair of kites hurrying toward heaven.

ONE CHRISTMAS

First, a brief autobiographical prologue. My mother, who was exceptionally intelligent, was the most beautiful girl in Alabama. Everyone said so, and it was true; and when she was sixteen she married a twenty-eight-year-old businessman who came from a good New Orleans family. The marriage lasted a year. My mother was too young to be a mother or a wife; she was also too ambitious—she wanted to go to college and to have a career. So she left her husband; and as for what to do with me, she deposited me in the care of her large Alabama family.

Over the years, I seldom saw either of my parents. My father was occupied in New Orleans, and my mother, after graduating from college, was making a success for herself in New York. So far as I was concerned, this was not an unpleasant situation. I was happy where I was. I had many kindly relatives, aunts and uncles and cousins, particularly *one* cousin, an elderly, white-haired, slightly crippled woman named Sook. Miss Sook Faulk. I had other friends, but she was by far my best friend.

It was Sook who told me about Santa Claus, his flowing beard, his red suit, his jangling present-filled sled, and I believed her, just as I believed that everything was God's will, or the Lord's, as Sook always called Him. If I stubbed my toe, or fell off a horse, or caught a good-sized fish at the creek—well, good or bad, it was all the Lord's will. And that was what Sook said when she received the frightening news from New Orleans: My father wanted me to travel there to spend Christmas with him.

I cried. I didn't want to go. I'd never left this small, isolated Alabama town surrounded by forests and farms and rivers. I'd never gone to sleep without Sook combing her fingers through my hair and kissing me good-night. Then, too, I was afraid of strangers, and my father was a stranger. I had seen him several times, but the memory was a haze; I had no idea what he was like. But, as Sook said: "It's the Lord's will. And who knows, Buddy, maybe you'll see snow."

Snow! Until I could read myself, Sook read me many stories, and it seemed a lot of snow was in almost all of them. Drifting, dazzling fairytale flakes. It was something I dreamed about; something magical and mysterious that I wanted to see and feel and touch. Of course I never had, and neither had Sook; how could we, living in a hot place like

Alabama? I don't know why she thought I would see snow in New Orleans, for New Orleans is even hotter. Never mind. She was just trying to give me courage to make the trip.

I had a new suit. It had a card pinned to the lapel with my name and address. That was in case I got lost. You see. I had to make the trip alone. By bus. Well, everybody thought I'd be safe with my tag. Everybody but me. I was scared to death; and angry. Furious at my father, this stranger, who was forcing me to leave home and be away from Sook at Christmastime.

It was a four-hundred-mile trip, something like that. My first stop was in Mobile. I changed buses there, and rode along forever and forever through swampy lands and along seacoasts until we arrived in a loud city tinkling with trolley cars and packed with dangerous foreign-looking people.

That was New Orleans.

And suddenly, as I stepped off the bus, a man swept me in his arms, squeezed the breath out of me; he was laughing, he was crying—a tall, good-looking man, laughing and crying. He said: “Don’t you know me? Don’t you know your daddy?”

I was speechless. I didn’t say a word until at last, while we were riding along in a taxi, I asked: “Where is it?”

“Our house? It’s not far—”

“Not the house. The snow.”

“What snow?”

“I thought there would be a lot of snow.”

He looked at me strangely, but laughed. “There never has been any snow in New Orleans. Not that I heard of. But listen. Hear that thunder? It’s sure going to rain!”

I don’t know what scared me most, the thunder, the sizzling zigzags of lightning that followed it—or my father. That night, when I went to bed, it was still raining. I said my prayers and prayed that I would soon be home with Sook. I didn't know how I could ever go to sleep without Sook to kiss me good-night. The fact was, I couldn't go to sleep, so I began to wonder what Santa Claus would bring me. I wanted a pearl-handled knife. And a big set of jigsaw puzzles. A cowboy hat with matching lasso. And a B.B. rifle to shoot sparrows. (Years later, when I did have a B.B. gun, I shot a mockingbird and a bobwhite, and I can never forget the regret I felt, the grief; I never killed another thing, and every fish I caught I threw back into the water.) And I wanted a box of crayons. And, most of all, a radio but I knew that was impossible: I didn't know ten people who had radios. Remember, this was the Depression, and in the Deep South houses furnished with radios or refrigerators were rare.

My father had both. He seemed to have everything—a car with a rumble seat, not to mention an old, pink pretty little house in the French Quarter with iron-lace balconies and a secret patio garden colored with flowers and cooled by a fountain shaped like a mermaid. He also had a half-dozen, I'd say full-dozen, lady friends. Like my mother, my father had not remarried; but they both had determined admirers and, willingly or not, eventually walked the path to the altar—in fact, my father walked it six times.

So you can see he must have had charm; and, indeed, he seemed to charm most people—everybody except me. That was because he embarrassed me so, always hauling me around to meet his friends, everybody from his banker to the barber who shaved him every day. And, of course, all his lady friends. And the worst part: All the time he was hugging and kissing me and bragging about me. I felt so ashamed. First of all, there was nothing to brag about. I was a real country boy. I believed in Jesus, and faithfully said my prayers. I knew Santa Claus existed. And at home in Alabama, except to go to church, I never wore shoes; winter or summer.

It was pure torture, being pulled along the streets of New Orleans in those tightly laced, hot as hell, heavy as lead shoes. I don't know what was worse—the shoes or the food. Back home I was used to fried chicken and collard greens and butter beans and corn bread and other comforting things. But these New Orleans restaurants! I will never forget my first oyster, it was like a bad dream sliding down my throat; decades passed before I swallowed another. As for all that spicy Creole cookery—just to think of it gave me heartburn. No sir, I hankered after biscuits right from the stove and milk fresh from the cows and homemade molasses straight from the bucket.

My poor father had no idea how miserable I was, partly because I never let him see it, certainly never told him; and partly because, despite my mother's protest, he had managed to get legal custody of me for this Christmas holiday.

He would say: "Tell the truth. Don't you want to come and live here with me in New Orleans?"

"I can't."

"What do you mean you can't?"

"I miss Sook. I miss Queenie; we have a little rat terrier, a funny little thing. But we both love her."

He said: "Don't you love me?"

I said: "Yes." But the truth was, except for Sook and Queenie and a few cousins and a picture of my beautiful mother beside my bed, I had no real idea of what love meant.

I soon found out. The day before Christmas, as we were walking along Canal Street, I stopped dead still, mesmerized by a magical object that I saw in the window of a big toy store. It was a model airplane large enough to sit in and pedal like a bicycle. It was green and had a red propeller. I was convinced that if you pedaled fast enough it would take off and fly! Now wouldn't that be something! I could just see my cousins standing on the ground while I flew about among the clouds. Talk about green! I laughed; and laughed and laughed. It was the first thing I'd done that made my father look confident, even though he didn't know what I thought was so funny.

That night I prayed that Santa Claus would bring me the airplane.

My father had already bought a Christmas tree, and we spent a great deal of time at the five 'n' dime picking out things to decorate it with. Then I made a mistake. I put a picture of my mother under the tree. The moment my father saw it he truned white and began to tremble. I didn't know what to do. But he did. He went to a cabinet and took out a tall glass and a bottle. I recognized the bottle because all my Alabama uncles had plenty just like it. Prohibition moonshine. He filled the tall glass and drank it with hardly a pause. After that, it was as though the picture had vanished.

And so I awaited Christmas Eve, and the always exciting advent of fat Santa. Of course, I had never seen a weighted, jangling, belly-swollen giant flop down a chimney and gaily dispense his largesse under a Christmas tree. My cousin Billy Bob, who was a mean little runt but had a brain like a fist made of iron, said it was a lot of hooey, there was no such creature.

"My foot!" he said. "Anybody would believe there was any Santa Claus would believe a mule was a horse." This quarrel took place in the tiny courthouse square. I said: "*There is a Santa Claus because what he does is the Lord's will and whatever is the Lord's will is the truth.*" And Billy Bob, spitting on the ground, walked away: "Well, looks like we've got another preacher on our hands."

I always swore I'd never go to sleep on Christmas

Eve, I wanted to hear the prancing dance of reindeer on the roof, and to be right there at the foot of the chimney to shake hands with Santa Claus. And on this particular Chritmas Eve, nothing, it seemed to me, could be easier than staying awake.

My father's house had three floors and seven rooms, several of them huge, especially the three leading to the patio garden: a parlor, a dining room and a "musical" room for those who liked to dance and play and deal cards. The two floors above were trimmed with lacy balconies whose dark green iron intricacies were delicately entwined with bougainvillea and rippling vines of scarlet spider orchids–a plant that resembles lizards flicking their red tongues. It was the kind of house best displayed by lacquered floors and some wicker here, some velvet there. It could have been mistaken for the house of a rich man; rather, it was the place of a man with an appetite for elegance. To a poor (but happy) barefoot boy from Alabama it was a mystery how he managed to satisfy that desire.

But it was no mystery to my mother, who, having graduated from college, was putting her magnolia delights to full use while struggling to find in New York a truly suitable fiancé who could afford Sutton Place apartments and sable coats. No, my father's resources were familiar to her, though she never mentioned the matter until many years later, long after she had acquired ropes of pearls to glisten around her sable-wrapped throat.

She had come to visit me in a snobbish New England boarding school (where my tuition was paid by her rich and generous husband), when something I said tossed her into a rage; she shouted: "So you don't know how he lives so well? Charters yachts and cruises the Greek Islands? His *wives*! Think of the whole long string of them. All widows. All rich. *Very* rich. And all much older than he. Too old for any sane young man to marry. That's why you are his only child. And that's why I'll never have another child—I was too young to have any babies, but he was a beast, he wrecked me, he ruined me—"

Just a gigolo, everywhere I go, people stop and stare ... Moon, moon over Miami ... This is my first affair, so please be kind ... Hey, mister, can you spare a dime? ... Just a gigolo, everywhere I go, people stop and stare ...

All the while she talked (and I tried not to listen, because by telling me my birth had destroyed her, *she* was destroying me), these tunes ran through my head, or tunes like them. They helped me not to hear her, and they reminded me of the strange haunting party my father had given in New Orleans that Christmas Eve.

The patio was filled with candles, and so were

the three rooms leading off it. Most of the guests were gathered in the parlor, where a subdued fire in the fireplace made the Christmas tree glitter; but many others were dancing in the music room and the patio to music from a wind-up Victrola. After I had been introduced to the guests, and been made much of, I had been sent upstairs; but from the terrace outside my French-shuttered bedroom door, I could watch all the party, see all the couples dancing. I watched my father waltz a graceful lady around the pool that surrounded the mermaid fountain. She *was* graceful, and dressed in a wispy silver dress that shimmered in the candlelight; but she was old—at least ten years older than my father, who was then thirty-five.

I suddenly realized my father was by far the youngest person at his party. None of the ladies, charming as they were, were any younger than the willowy waltzer in the floating silver dress. It was the same with the men, so many of whom were smoking sweet-smelling Havana cigars; more than half of them were old enough to be my father's father.

Then I saw something that made me blink. My father and his agile partner had danced themselves into a niche shadowed by scarlet spider orchids; and they were embracing, kissing. I was so startled, I was so *irate*, I ran into my bedroom, jumped into bed and pulled the covers over my head. What would my nice-looking young father want with an old woman like that! And why didn't all those people downstairs go home so Santa Claus could come? I lay awake for hours listening to them leave, and when my father said good-bye for the last time, I heard him climb the stairs and open my door to peek at me; but I pretended to be asleep.

Several things occurred that kept me awake the whole night. First, the footfalls, the noise of my father running up and down the stairs, breathing heavily. I had to see what he was up to. So I hid on the balcony among the bougainvillea. From there, I had a complete view of the parlor and the Christmas tree and the fireplace where a fire still palely burned. Moreover, I could see my father. He was crawling around under the tree arranging a pyramid of packages. Wrapped in purple paper, and red and gold and white and blue, they rustled as he moved them about. I felt dizzy, for what I saw forced me to reconsider everything. If these were presents intended for me, then obviously they had not been ordered by the Lord and delivered by Santa Claus; no, they were gifts bought and wrapped by my father. Which meant that my rotten little cousin Billy Bob and other rotten kids like him weren't lying when they taunted me and told me there was no Santa Claus. The worst thought was: Had Sook known the truth, and lied to me? No, Sook would never lie to me. She *believed*. It was just that—well, though she was sixty-something, in some ways she was at least as much of a child as I was.

I watched until my father had finished his chores and blown out the few candles that still burned. I waited until I was sure he was in bed and sound asleep. Then I crept downstairs to the parlor, which still reeked of gardenias and Havana cigars.

I sat there, thinking: Now I will have to be the one to tell Sook the truth. An anger, a weird malice was spiraling inside me: It was not directed towards my father, though he turned out to be its victim.

When the dawn came, I examined the tags attached to each of the packages. They all said: "For Buddy." All but one, which said: "For Evangeline." Evangeline was an elderly colored woman who drank Coca-Cola all day long and weighed three hundred pounds; she was my father's housekeeper—she also mothered him. I decided to open the packages: It was Christmas morning, I was awake, so why not? I won't bother to describe what was inside them: just shirts and sweaters and dull stuff like that. The only thing

I appreciated was a quite snazzy cap-pistol. Somehow I got the idea it would be fun to waken my father by firing it. So I did. *Bang. Bang. Bang.*

He raced out of his room, wild-eyed.

Bang. Bang. Bang.

"Buddy—what the hell do you think you're doing?"

Bang. Bang. Bang.

"Stop that!"

I laughed. "Look, Daddy. Look at all the wonderful things Santa Claus brought me."

Calm now, he walked into the parlor and hugged me. "You like what Santa Claus brought you?"

I smiled at him. He smiled at me. There was a tender lingering moment, shattered when I said: "Yes. But what are *you* going to give me, Daddy?" His smile evaporated. His eyes narrowed suspiciously—you could see that he thought I was pulling some kind of stunt. But then he blushed, as though he was ashamed to be thinking what he was thinking. He patted my head, and coughed and said: "Well, I thought I'd wait and let you pick out something you wanted. Is there anything particular you want?"

I reminded him of the airplane we had seen in the toy store on Canal Street. His face sagged. Oh, yes, he remembered the airplane and how expensive it was. Nevertheless, the next day I was sitting in that airplane dreaming I was zooming toward heaven while my father wrote out a check for a happy salesman. There had been some argument about shipping the plane to Alabama, but I was adamant—I insisted it should go with me on the bus that I was taking at two o'clock that afternoon. The salesman settled it by calling the bus company, who said that they could handle the matter easily.

But I wasn't free of New Orleans yet. The problem was a large silver flask of moonshine; maybe it was because of my departure, but anyway my father had been swilling it all day, and on the way to the bus station, he scared me by grabbing my wrist and harshly whispering: "I'm not going to let you go. I can't let you go back to that crazy family in that crazy old house. Just look at what they've done to you. A boy six, almost seven, talking about Santa Claus! It's all their fault, all those sour old spinsters with their Bibles and their knitting needles, those drunken uncles. *Listen* to me, Buddy. There is no God! There is no Santa Claus." He was squeezing my wrist so hard that it ached. "Sometimes, oh, God, I think your mother and I, the both of us, we ought to kill ourselves to have let this happen—" (He never killed himself, but my mother did: She walked down the Seconal road thirty years ago.) "Kiss me. Please. Please. Kiss me. Tell your daddy that you love him." But I couldn't speak. I was terrified I was going to miss my bus. And I was worried about my plane, which was strapped to the top of the taxi. "Say it: 'I love you.' Say it. Please. Buddy. Say it."

It was lucky for me that our taxi-driver was a good-hearted man. Because if it hadn't been for his help, and the help of some efficient porters and a friendly policeman, I don't know what would have happened when we reached the station. My father was so wobbly he could hardly walk, but the policeman talked to him, quieted him down, helped him to stand straight, and the taxi-man promised to take him safely home. But my father would not leave until he had seen the porters put me on the bus.

Once I was on the bus, I crouched in a seat and shut my eyes. I felt the strangest pain. A crushing pain that hurt everywhere. I thought if I took off my heavy city shoes, those crucifying monsters, the agony would ease. I took them off, but the mysterious pain did not leave me. In a way it never has; never will.

Twelve hours later I was home in bed. The room

was dark. Sook was sitting beside me, rocking in a rocking chair, a sound as soothing as ocean waves. I had tried to tell her everything that had happened, and only stopped when I was hoarse as a howling dog. She stroked her fingers through my hair, and said: "Of course there is a Santa Claus. It's just that no single somebody could do all he has to do. So the Lord has spread the task among us all. That's why everybody is Santa Claus. I am. You are. Even your cousin Billy Bob. Now go to sleep. Count stars. Think of the quietest thing. Like snow. I'm sorry you didn't get to see any. But now snow is falling through the stars—" Stars sparkled, snow whirled inside my head; the last thing I remembered was the peaceful voice of the Lord telling me something I must do. And the next day I did it. I went with Sook to the post office and bought a penny postcard. That same postcard exists today. It was found in my father's safety deposit box when he died last year. Here is what I had written him: *Hello pop hope you are well I am and I am lurning to pedel my plain so fast I will soon be in the sky so keep your eyes open and yes I love you Buddy.*

THE THANKSGIVING VISITOR

Talk about mean! Odd Henderson was the meanest human creature in my experience.

And I'm speaking of a twelve-year-old boy, not some grownup who has had the time to ripen a naturally evil disposition. At least, Odd was twelve in 1932, when we were both second-graders attending a small-town school in rural Alabama.

Tall for his age, a bony boy with muddy-red hair and narrow yellow eyes, he towered over all his classmates—would have in any event, for the rest of us were only seven or eight years old. Odd had failed first grade twice and was now serving his second term in the second grade. This sorry record wasn't due to dumbness—Odd was intelligent, maybe cunning is a better word—but he took after the rest of the Hendersons. The whole family (there were ten of them, not counting Dad Henderson, who was a bootlegger and usually in jail, all scrunched together in a four-room house next door to a Negro church) was a shiftless, surly bunch, every one of them ready to do you a bad turn; Odd wasn't the worst of the lot, and brother, that is *saying* something.

Many children in our school came from families poorer than the Hendersons; Odd had a pair of shoes, while some boys, girls too, were forced to go barefoot right through the bitterest weather—that's how hard the Depression had hit Alabama. But nobody, I don't care who, looked as down-and-out as Odd—a skinny, freckled scarecrow in sweaty cast-off overalls that would have been a humiliation to a chain-gang convict. You might have felt pity for him if he hadn't been so hateful. All the kids feared him, not just us younger kids, but even boys his own age and older.

Nobody ever picked a fight with him except one time a girl named Ann "Jumbo" Finchburg, who happened to be the other town bully. Jumbo, a sawed-off but solid tomboy with an all-hell-let-loose wrestling technique, jumped Odd from behind during recess one dull morning, and it took three teachers, each of whom must have wished the combatants would kill each other, a good long while to separate them. The result was a sort of draw: Jumbo lost a tooth and half her hair and developed a grayish cloud in her left eye (she never could see clear again); Odd's afflictions included a broken thumb, plus scratch scars that will stay with him to the day they shut his coffin. For months afterward, Odd played every kind of trick to goad Jumbo into a rematch; but Jumbo had gotten her licks and gave him considerable berth. As I would have done if he'd let me; alas, I was the object of Odd's relentless attentions.

Considering the era and locale, I was fairly well off—living, as I did, in a high-ceilinged old country house situated where the town ended and the farms and forests began. The house belonged to distant relatives, elderly cousins, and these cousins, three maiden ladies and their bachelor brother, had taken me under their roof because of a disturbance among my more immediate family, a custody battle that, for involved reasons, had left me stranded in this somewhat eccentric Alabama household. Not that I was unhappy there; indeed, moments of those few years turned out to be the happiest part of an otherwise difficult childhood, mainly because the youngest of the cousins, a woman in her sixties, became my first friend. As she was a child herself (many people thought her less than that, and murmured about her as though she were the twin of poor nice Lester Tucker, who roamed the streets in a sweet daze), she understood children, and understood me absolutely.

Perhaps it was strange for a young boy to have as his best friend an aging spinster, but neither of us had an ordinary outlook or background, and so it was inevitable, in our separate loneliness, that we should come to share a friendship apart. Except for the hours I spent at school, the three of us, me and old Queenie, our feisty little rat terrier, and Miss Sook, as everyone called my friend, were almost always together. We hunted herbs in the woods, went fishing on remote creeks (with dried sugarcane stalks for fishing poles) and gathered curious ferns and greeneries that we transplanted and grew with trailing flourish in tin pails and chamber pots. Mostly, though, our life was lived in the kitchen—a farmhouse kitchen, dominated by a big black wood-buring stove, that was often dark and sunny at the same time.

Miss Sook, sensitive as shy-lady fern, a recluse who had never traveled beyond the county boundaries, was totally unlike her brother and sisters, the latter being down-to-earth, vaguely masculine ladies who operated a dry-goods store and several other business ventures. The brother, Uncle B., owned a number of cotton farms scattered around the countryside; because he refused to drive a car or endure any contact whatever with mobilized machinery, he rode horseback, jogging all day from one property to another. He was a kind man, though a silent one: he grunted yes or no, and really never opened his mouth except to feed it. At every meal he had the appetite of an Alaskan grizzly after a winter's hibernation, and it was Miss Sook's task to fill him up.

Breakfast was our principal meal; midday dinner, except on Sundays, and supper were casual menus, often composed of leftovers from the morning. These breakfasts, served promptly at 5:30 A.M., were regular stomach swellers. To the present day I retain a nostalgic hunger for those cockcrow repasts of ham and fried chicken, fried pork chops, fried catfish, fried squirrel (in season), fried eggs, hominy grits with gravy, black-eyed peas, collards with collard liquor and cornbread to mush it in, biscuits, pound cake, pancakes and molasses, honey in the comb, homemade jams and jellies, sweet milk, buttermilk, coffee chicory-flavored and hot as Hades.

The cook, accompanied by her assistants, Queenie and myself, rose every morning at four to fire the stove and set the table and get everything started. Rising at that hour was not the hardship it may sound; we were used to it, and anyway we always went to bed as soon as the sun dropped and the birds had settled in the trees. Also, my friend was not as frail as she seemed; though she had been sickly as a child and her shoulders were hunched, she had strong hands and sturdy legs. She could move with sprightly, purposeful speed, the frayed tennis shoes she invariably wore squeaking on the waxed kitchen floor, and her distinguished face, with its delicately clumsy features and beautiful, youthful eyes, bespoke a fortitude that suggested it was more the reward of an interior spiritual shine than the visible surface of mere mortal health.

Nevertheless, depending on the season and the number of hands employed on Uncle B.'s farms, there were sometimes as many as fifteen people sitting down to those dawn banquets; the hands were entitled to one hot meal a day—it was part of their wages. Supposedly, a Negro woman came in to help wash the dishes, make the beds, clean the house and do the laundry. She was lazy and unreliable but a lifelong friend of Miss Sook's—which meant that my friend would not consider replacing her and simply did the work herself. She chopped firewood, tended a large menagerie of chickens, turkeys and hogs, scrubbed, dusted, mended all our clothes; yet when I came home from school, she was always eager to keep me company—to play a card game named Rook or rush off on a mushroom hunt or have a pillow fight or, as we sat in the kitchen's waning afternoon light, help me with homework.

She loved to pore over my textbooks, the geography atlas especially ("Oh, Buddy," she would say, because she called me Buddy, "just think of it—a lake named Titicaca. That really exists somewhere in the world"). My education was her education, as well. Due to her childhood illness, she had had almost no schooling; her handwriting was a series of jagged eruptions, the spelling a highly personal and phonetic affair. I could already write and read with a smoother assurance than she was capable of (though she managed to "study" one Bible chapter every day, and never missed "Little Orphan Annie" or "The Katzenjammer Kids," comics carried by the Mobile paper). She took a bristling pride in "our" report cards ("Gosh, Buddy! Five A's. Even arithmetic. I didn't dare to hope we'd get an A in arithmetic"). It was a mystery to her why I hated school, why some mornings I wept and pleaded with Uncle B., the deciding voice in the house, to let me stay home.

Of course it wasn't that I hated school; what I hated was Odd Henderson. The torments he contrived! For instance, he used to wait for me in the shadows under a water oak that darkened an edge of the school grounds; in his hand he held a paper sack stuffed with prickly cockleburs collected on his way to school. There was no sense in trying to outrun him, for he was quick as a coiled snake; like a rattler, he struck, slammed me to the ground and, his slitty eyes gleeful, rubbed the burrs into my scalp. Usually a circle of kids ganged around to titter, or pretend to; they didn't really think it funny; but Odd made them nervous and ready to please. Later, hiding in a toilet in the boys' room, I would untangle the burrs knotting my hair; this took forever and always meant missing the first bell.

Our second-grade teacher, Miss Armstrong, was sympathetic, for she suspected what was happening; but eventually, exasperated by my continual tardiness, she raged at me in front of the whole class: "Little mister big britches. What a big head he has! Waltzing in here twenty minutes after the bell. A half hour." Whereupon I lost control; I pointed at Odd Henderson and shouted: "Yell at him. He's the one to blame. The sonafabitch."

I knew a lot of curse words, yet even I was shocked when I heard what I'd said resounding in an awful silence, and Miss Armstrong, advancing toward me clutching a heavy ruler, said, "Hold out your hands, sir. Palms up, sir." Then, while Odd

Henderson watched with a small citric smile, she blistered the palms of my hands with her brass-edged ruler until the room blurred.

It would take a page in small print to list the imaginative punishments Odd inflicted, but what I resented and suffered from most was the sense of dour expectations he induced. Once, when he had me pinned against a wall, I asked him straight out what had I done to make him dislike me so much; suddenly he relaxed, let me loose and said, "You're a sissy. I'm just straightening you out." He was right, I was a sissy of sorts, and the moment he said it, I realized there was nothing I could do to alter his judgment, other than toughen myself to accept and defend the fact.

As soon as I regained the peace of the warm kitchen, where Queenie might be gnawing an old dug-up bone and my friend puttering with a piecrust, the weight of Odd Henderson would blessedly slide from my shoulders. But too often at night, the narrow lion eyes loomed in my dreams while his high, harsh voice, pronouncing cruel promises, hissed in my ears.

My friend's bedroom was next to mine; occasionally cries arising from my nightmare upheavals wakened her; then she would come and shake me out of an Odd Henderson coma. "Look," she'd say, lighting a lamp, "you've even scared Queenie. She's shaking." And, "Is it a fever? You're wringing wet. Maybe we ought to call Doctor Stone." But she knew that it wasn't a fever, she knew that it was because of my troubles at school, for I had told and told her how Odd Henderson treated me.

But now I'd stopped talking about it, never mentioned it any more, because she refused to acknowledge that any human could be as bad as I made him out. Innocence, preserved by the absence of experience that had always isolated Miss Sook, left her incapable of encompassing an evil so complete.

"Oh," she might say, rubbing heat into my

chilled hands, "he only picks on you out of jealousy. He's not smart and pretty as you are." Or, less jestingly, "The thing to keep in mind, Buddy, is this boy can't help acting ugly; he doesn't know any different. All those Henderson children have had it hard. And you can lay that at Dad Henderson's door. I don't like to say it, but that man never was anything except a mischief and a fool. Did you know Uncle B. horsewhipped him once? Caught him beating a dog and horsewhipped him on the spot. The best thing that ever happened was when they locked him up at State Farm. But I remember Molly Henderson before she married Dad. Just fifteen or sixteen she was, and fresh from somewhere across the river. She worked for Sade Danvers down the road, learning to be a dressmaker. She used to pass here and see me hoeing in the garden—such a polite girl, with lovely red hair, and so appreciative of everything; sometimes I'd give her a bunch of sweet peas or a japonica, and she was always so appreciative. Then she began strolling by arm in arm with Dad Henderson—and him so much older and a perfect rascal, drunk or sober. Well, the Lord must have His reasons. But it's a shame; Molly can't be more than thirty-five, and there she is without a tooth in her head or a dime to her name. Nothing but a houseful of children to feed. You've got to take all that into account, Buddy, and be patient."

Patient! What was the use of discussing it? Finally, though, my friend did comprehend the seriousness of my despair. The realization arrived in a quiet way and was not the outcome of unhappy midnight wakings or pleading scenes with Uncle B. It happened one rainy November twilight when we were sitting alone in the kitchen close by the dying stove fire; supper was over, the dishes stacked, and Queenie was tucked in a rocker, snoring. I could hear my friend's whispery voice weaving under the skipping noise of rain on the roof, but my mind was on my worries and I was not attending, though I was aware that her subject was Thanksgiving, then a week away.

My cousins had never married (Uncle B. had *almost* married, but his fiancée returned the engagement ring when she saw that sharing a house with three very individual spinsters would be part of the bargain); however, they boasted extensive family connections throughout the vicinity: cousins aplenty, and an aunt, Mrs. Mary Taylor Wheelwright, who was one hundred and three years old. As our house was the largest and the most conveniently located, it was traditional for these relations to aim themselves our way every year at Thanksgiving; though there were seldom fewer than thirty celebrants, it was not an onerous chore, because we provided only the setting and an ample number of stuffed turkeys.

The guests supplied the trimmings, each of them contributing her particular specialty: a cousin twice removed, Harriet Parker from Flomaton, made perfect ambrosia, transparent orange slices combined with freshly ground coconut; Harriet's sister Alice usually arrived carrying a dish of whipped sweet potatoes and raisins; the Conklin tribe, Mr. and Mrs. Bill Conklin and their quartet of handsome daughters, always brought a delicious array of vegetables canned during the summer. My own favorite was a cold banana pudding–a guarded recipe of the ancient aunt who, despite her longevity, was still domestically energetic; to our sorrow she took the secret with her when she died in 1934, age one hundred and five (and it wasn't age that lowered the curtain; she was attacked and trampled by a bull in a pasture).

Miss Sook was ruminating on these matters while my mind wandered through a maze as melancholy as the wet twilight. Suddenly I heard her knuckles rap the kitchen table: "Buddy!"

"What?"

"You haven't listened to one word."

"Sorry."

"I figure we'll need five turkeys this year. When I spoke to Uncle B. about it, he said he wanted you to kill them. Dress them, too."

"But *why*?"

"He says a boy ought to know how to do things like that."

Slaughtering was Uncle B.'s job. It was an ordeal for me to watch him butcher a hog or even wring a chicken's neck. My friend felt the same way; neither of us could abide any violence bloodier than swatting flies, so I was taken aback at her casual relaying of this command.

"Well, I won't."

Now she smiled. "Of course you won't. I'll get Bubber or some other colored boy. Pay him a nickel. But," she said, her tone descending conspiratorially, "we'll let Uncle B. believe it was you. Then he'll be pleased and stop saying it's such a bad thing."

"What's a bad thing?"

"Our always being together. He says you ought to have other friends, boys your own age. Well, he's right."

"I don't want any other friend."

"Hush, Buddy. Now hush. You've been real good to me. I don't know what I'd do without you. Just become an old crab. But I want to see you happy, Buddy. Strong, able to go out in the world. And you're never going to until you come to terms with people like Odd Henderson and turn them into friends."

"Him! He's the last friend in the world I want."

"Please, Buddy—invite that boy here for Thanksgiving dinner."

Though the pair of us occasionally quibbled, we never quarreled. At first I was unable to believe she meant her request as something more than a sample of poor-taste humor; but then, seeing that she was serious, I realized, with bewilderment, that we were edging toward a falling-out.

"I thought you were my *friend*."

"I am, Buddy. Truly."

"If you were, you couldn't think up a thing like that. Odd Henderson hates me. He's my *enemy*."

"He can't hate you. He doesn't know you."

"Well, I hate him."

"Because you don't know him. That's all I ask. The chance for you to know each other a little. Then I think this trouble will stop. And maybe you're right, Buddy, maybe you boys won't ever be friends. But I doubt that he'd pick on you any more."

"You don't understand. You've never hated anybody."

"No, I never have. We're allotted just so much time on earth, and I wouldn't want the Lord to see me wasting mine in any such manner."

"I won't do it. He'd think I was crazy. And I would be."

The rain had let up, leaving a silence that lengthened miserably. My friend's clear eyes contemplated me as though I were a Rook card she was deciding how to play; she maneuvered a salt-pepper lock of hair off her forehead and sighed. "Then *I* will. Tomorrow," she said, "I'll put on my hat and pay a call on Molly Henderson." This statement certified her determination, for I'd never known Miss Sook to plan a call on anyone, not only because she was entirely without social talent, but also because she was too modest to presume a welcome. "I don't suppose there will be much Thanksgiving in their house. Probably Molly would be very pleased to have Odd sit down with us. Oh, I know Uncle B. would never permit it, but the nice thing to do is to invite them all."

My laughter woke Queenie; and after a surprised

instant, my friend laughed too. Her cheeks pinked and a light flared in her eyes; rising, she hugged me and said, "Oh, Buddy, I knew you'd forgive me and recognize there was some sense to my notion."

She was mistaken. My merriment had other origins. Two. One was the picture of Uncle B. carving turkey for all those cantankerous Hendersons. The second was: It had occurred to me that I had no cause for alarm; Miss Sook might extend the invitation and Odd's mother might accept it in his behalf; but Odd wouldn't show up in a million years.

He would be too proud. For instance, throughout the Depression years, our school distributed free milk and sandwiches to all children whose families were too poor to provide them with a lunch box. But Odd, emaciated as he was, refused to have anything to do with these handouts; he'd wander off by himself and devour a pocketful of peanuts or gnaw a large raw turnip. This kind of pride was characteristic of the Henderson breed: they might steal, gouge the gold out of a dead man's teeth, but they would never accept a gift offered openly, for anything smacking of charity was offensive to them. Odd was sure to figure Miss Sook's invitation as a charitable gesture; or see it—and not incorrectly—as a blackmailing stunt meant to make him ease up on me.

I went to bed that night with a light heart, for I was certain my Thanksgiving would not be marred by the presence of such an unsuitable visitor.

The next morning I had a bad cold, which was pleasant; it meant no school. It also meant I could have a fire in my room and cream-of-tomato soup and hours alone with Mr. Micawber and David Copperfield: the happiest of stayabeds. It was drizzling again; but true to her promise, my friend fetched her hat, a straw cartwheel decorated with weather-faded velvet roses, and set out for the Henderson home. "I won't be but a minute," she said. In fact, she was gone the better part of two hours. I couldn't imagine Miss Sook sustaining so long a conversation except with me or herself (she talked to herself often, a habit of sane persons of a solitary nature); and when she returned, she did seem drained.

Still wearing her hat and an old loose raincoat, she slipped a thermometer in my mouth, then sat at the foot of the bed. "I like her," she said firmly. "I always have liked Molly Henderson. She does all she can, and the house was clean as Bob Spencer's fingernails"—Bob Spencer being a Baptist minister famed for his hygienic gleam—"but bitter cold. With a tin roof and the wind right in the room and not a scrap of fire in the fireplace. She offered me refreshment, and I surely would have welcomed a cup of coffee, but I said no. Because I don't expect there was any coffee on the premises. Or sugar.

"It made me feel ashamed, Buddy. It hurts me all

(which contained only a fragment of Stone Mountain the sisters had brought back from a business trip to Atlanta), the formal walnut rockers and florid Biedermeier pieces—rubbed them with lemon-scented wax until the place was shiny as lemon skin and smelled like a citrus grove. Curtains were laundered and rehung, pillows punched, rugs beaten; wherever one glanced, dust motes and tiny feathers drifted in the sparkling November light sifting through the tall rooms. Poor Queenie was relegated to the kitchen, for fear she might leave a stray hair, perhaps a flea, in the more dignified areas of the house.

The most delicate task was preparing the napkins and tablecloths that would decorate the dining room. The linen had belonged to my friend's mother, who had received it as a wedding gift; though it had been used only once or twice a year, say two hundred times in the past eighty years, nevertheless it was eighty years old, and mended patches and freckled discolorations were apparent. Probably it had not been a fine material to begin with, but Miss Sook treated it as though it had been woven by golden hands on heavenly looms: "My mother said, 'The day may come when all we can offer is well water and cold cornbread, but at least we'll be able to serve it on a table set with proper linen.'"

At night, after the day's dashing about and when the rest of the house was dark, one feeble lamp burned late while my friend, propped in bed with napkins massed on her lap, repaired blemishes and tears with thread and needle, her forehead crumpled, her eyes cruelly squeezed, yet illuminated by the fatigued rapture of a pilgrim approaching an altar at journey's end.

From hour to hour, as the shivery tolls of the faraway courthouse clock numbered ten and eleven and twelve, I would wake up and see her lamp still lit, and would drowsily lurch into her room to reprimand her: "You ought to be asleep!"

"In a minute, Buddy. I can't just now. When I think of all the company coming, it scares me. Starts my head whirling," she said, ceasing to stitch and rubbing her eyes. "Whirling with stars."

Chrysanthemums: some as big as a baby's head. Bundles of curled penny-colored leaves with flickering lavender underhues. "Chrysanthemums," my friend commented as we moved through our garden stalking flower-show blossoms with decapitating shears, "are like lions. Kingly characters. I always expect them to *spring*. To turn on me with a growl and a roar."

It was the kind of remark that caused people to wonder about Miss Sook, though I understand that only in retrospect, for I always knew just what she meant, and in this instance the whole idea of it, the notion of lugging all those growling gorgeous roaring lions into the house and caging them in tacky vases (our final decorative act on Thanksgiving Eve) made us so giggly and giddy and stupid we were soon out of breath.

"Look at Queenie," my friend said, stuttering with mirth. "Look at her ears, Buddy. Standing straight up. She's thinking. Well, what kind of lunatics are these I'm mixed up with? Ah, Queenie. Come here, honey. I'm going to give you a biscuit dipped in hot coffee."

A lively day, that Thanksgiving. Lively with on-and-off showers and abrupt sky clearings accompanied by thrusts of raw sun and sudden bandit winds snatching autumn's leftover leaves.

The noises of the house were lovely, too: pots and pans and Uncle B.'s unused and rusty voice as he stood in the hall in his creaking Sunday suit, greeting our guests as they arrived. A few came by horseback or mule-drawn wagon, the majority in shined-up farm trucks and rackety flivvers. Mr. and Mrs. Conklin and their four beautiful daughters drove up in a mint-green 1932 Chevrolet (Mr. Conklin was well off; he owned several fishing smackers that operated out of Mobile), an object which aroused warm curiosity among the men present; they studied and poked it and all but took it apart.

The first guests to arrive were Mrs. Mary Taylor Wheelwright, escorted by her custodians, a grandson and his wife. She was a pretty little thing, Mrs. Wheelwright; she wore her age as lightly as the tiny red bonnet that, like the cherry on a vanilla sundae, sat perkily atop her milky hair. "Darlin' Bobby," she said, hugging Uncle B., "I realize we're an itty-bit early, but you know me, always punctual to a fault." Which was an apology deserved, for it was not yet nine o'clock and guests weren't expected much before noon.

However, *everybody* arrived earlier than we intended—except the Perk McCloud family, who suffered two blowouts in the space of thirty miles and arrived in such a stomping temper, particularly Mr. McCloud, that we feared for the china. Most of these people lived year-round in lonesome places hard to get away from: isolated farms, whistle-stops and crossroads, empty river hamlets or lumber-camp communities deep in the pine forests; so of course it was eagerness that caused them to be early, primed for an affectionate and memorable gathering.

And so it was. Some while ago, I had a letter from one of the Conklin sisters, now the wife of a naval captain and living in San Diego; she wrote: "I think of you often around this time of year, I suppose because of what happened at one of our Alabama Thanksgivings. It was a few years before Miss Sook died—would it be 1933? Golly, I'll never forget that day."

By noon, not another soul could be accommodated in the parlor, a hive humming with women's tattle and womanly aromas: Mrs. Wheelwright smelled of lilac water and Annabel Conklin like geraniums after rain. The odor of tobacco fanned out across the porch, where most of the men had clustered, despite the wavering weather, the alternations between sprinkles of rain and sunlit wind squalls. Tobacco was a substance alien to the setting; true, Miss Sook now and again secretly dipped snuff, a taste acquired under unknown tutelage and one she refused to discuss; her sisters would have been mortified had they suspected, and Uncle B., too, for he took a harsh stand on all stimulants, condemning them morally and medically.

The virile redolence of cigars, the pungent nip of pipe smoke, the tortoiseshell richness they evoked, constantly lured me out of the parlor onto the porch, though it was the parlor I preferred, due to the presence of the Conklin sisters, who played by turn our untuned piano with a gifted, rollicking lack of airs. "Indian Love Call" was among their repertoire, and also a 1918 war ballad, the lament of a child pleading with a house thief, entitled "Don't Steal Daddy's Medals, He Won Them for Bravery." Annabel played and sang it; she was the oldest of the sisters and the loveliest, though it was a chore to pick among them, for they were like quadruplets of unequal height. One thought of apples, compact and flavorful, sweet but cider-tart; their hair, loosely plaited, had the blue luster of a well-groomed ebony racehorse, and certain features, eyebrows, noses, lips when smiling, titled in an original style that added humor to their charms. The nicest thing was that they were a bit plump: "pleasingly plump" describes it precisely.

It was while listening to Annabel at the piano, and falling in love with her, that I felt Odd Henderson. I say *felt* because I was aware of him before I saw him: the sense of peril that warns, say, an experienced woodsman of an impending encounter with a rattler or bobcat alerted me.

I turned, and there the fellow stood at the parlor entrance, half in, half out. To others he must have seemed simply a grubby twelve-year-old beanpole who had made some attempt to rise to the event by parting and slicking his difficult hair, the comb grooves were still damply intact. But to me he was as unexpected and sinister as a genie released from a bottle. What a dumbhead I'd been to think he wouldn't show up! Only a dunce wouldn't have guessed that he would come out of spite: the joy of spoiling for me this awaited day.

However, Odd had not yet seen me: Annabel, her firm, acrobatic fingers somersaulting over the warped piano keys, had diverted him, for he was watching her, lips separated, eyes slitted, as though he had come upon her disrobed and cooling herself in the local river. It was as if he were contemplating some wished-for vision; his already red ears had become pimiento. The entrancing scene so dazed him I was able to squeeze directly past him and run along the hall to the kitchen. "He's here!"

My friend had completed her work hours earlier; moreover she had two colored women helping out. Nevertheless she had been hiding in the kitchen since our party started, under a pretense of keeping the exiled Queenie company. In truth, she was afraid of mingling with any group, even one composed of relatives, which was why, despite her reliance on the Bible and its Hero, she rarely went to church. Although she loved all children and was at ease with them, she was not acceptable as a child, yet she could not accept herself as a peer of grownups and in a collection of them behaved like an awkward young lady, silent and rather astonished. But the *idea* of parties exhilarated her; what a pity she couldn't take part invisibly, for then how festive she would have felt.

I noticed that my friend's hands were trembling; so were mine. Her usual outfit consisted of calico dresses, tennis shoes and Uncle B.'s discarded sweaters; she had no clothes appropriate to starchy occasions. Today she was lost inside something borrowed from one of her stout sisters, a creepy navy-blue dress its owner had worn to every funeral in the county since time remembered.

"He's here," I informed her for the third time. "Odd Henderson."

"Then why aren't you with him?" she said admonishingly. "That's not polite, Buddy. He's your particular guest. You ought to be out there seeing he meets everybody and has a good time."

"I *can't*. I can't speak to him."

Queenie was curled on her lap, having a head rub; my friend stood up, dumping Queenie and disclosing a stretch of navy-blue material sprinkled with dog hair, said "*Buddy*. You mean you haven't spoken to that boy!" My rudeness obliterated her timidity; taking me by the hand, she steered me to the parlor.

She need not have fretted over Odd's welfare. The charms of Annabel Conklin had drawn him to the piano. Indeed, he was scrunched up beside her on the piano seat, sitting there studying her delightful profile, his eyes opaque as the orbs of the stuffed whale I'd seen that summer when a touring honky-tonk passed through town (it was advertised as *The Original Moby Dick*, and it cost five cents to view the remains—what a bunch of crooks!). As for Annabel, she would flirt with anything that walked or crawled—no, that's unfair, for it was really a form of generosity, of simply being alive. Still, it gave me a hurt to see her playing cute with that mule skinner.

Hauling me onward, my friend introduced herself to him: "Buddy and I, we're so happy you could come." Odd had the manners of a billy goat: he didn't stand up or offer his hand, hardly looked at her and at me not at all. Daunted but dead game, my friend said: "Maybe Odd will sing us a tune. I know he can; his mother told me so. Annabel, sugar, play something Odd can sing."

Reading back, I see that I haven't thoroughly described Odd Henderson's ears—a major omission, for they were a pair of eye-catchers, like Alfalfa's in the *Our Gang* comedy pictures. Now, because of Annabel's flattering receptivity to my friend's request, his ears became so beet-bright it made your eyes smart. He mumbled, he shook his head handog; but Annabel said: "Do you know 'I Have Seen the Light'?" He didn't, but her next suggestion was greeted with a grin of recognition; the biggest fool could tell his modesty was all put on.

Giggling, Annabel struck a rich chord, and Odd, in a voice precociously manly, sang: "When the red, red robin comes bob, bob, bobbin' along." The Adam's apple in his tense throat jumped; Annabel's enthusiasm accelerated; the women's shrill hen chatter slackened as they became aware of the entertainment. Odd was good, he could sing for sure, and the jealousy charging through me had enough power to electrocute a murderer. Murder was what I had in mind; I could have killed him as easily as swat a mosquito. Easier.

Once more, unnoticed even by my friend, who was absorbed in the musicale, I escaped the parlor and sought The Island. That was the name I had given a place in the house where I went when I felt blue or inexplicably exuberant or just when I wanted to think things over. It was a mammoth closet attached to our only bathroom; the bathroom itself, except for its sanitary fixtures, was like a cozy winter parlor, with a horsehair love seat, scatter rugs, a bureau, a fireplace and framed reproductions of "The

Doctor's Visit," "September Morn," "The Swan Pool" and calendars galore.

There were two small stained-glass windows in the closet; lozenge-like patterns of rose, amber and green light filtered through the windows, which looked out on the bathroom proper. Here and there patches of color had faded from the glass or been chipped away; by applying an eye to one of these clearings, it was possible to identify the room's visitors. After I'd been secluded there awhile, brooding over my enemy's success, footsteps intruded: Mrs. Mary Taylor Wheelwright, who stopped before a mirror, smacked her face with a powder puff, rouged her antique cheeks and then, perusing the effect, announced: "Very nice, Mary. Even if Mary says so herself."

It is well known that women outlive men; could it merely be superior vanity that keeps them going? Anyway, Mrs. Wheelwright sweetened my mood, so when, following her departure, a heartily rung dinner bell sounded through the house, I decided to quit my refuge and enjoy the feast, regardless of Odd Henderson.

But just then footsteps echoed again. *He* appeared, looking less sullen than I'd ever seen him. Strutty. Whistling. Unbuttoning his trousers and letting go with a forceful splash, he whistled along, jaunty as a jaybird in a field of sunflowers. As he was leaving, an open box on the bureau summoned his attention. It was a cigar box in which my friend kept recipes torn out of newspapers and other junk, as well as a cameo brooch her father had long ago given her. Sentimental value aside, her imagination had conferred upon the object a rare costliness; whenever we had cause for serious grievance against her sisters or Uncle B., she would say, "Never mind, Buddy. We'll sell my cameo and go away. We'll take the bus to New Orleans." Though never discussing what we would do once we arrived in New Orleans, or what we would live on after the cameo money ran out, we both relished this fantasy. Perhaps each of us secretly realized the brooch was only a Sears Roebuck novelty; all the same, it seemed to us a talisman of true, though untested, magic: a charm that promised us our freedom if indeed we did decide to pursue our luck in fabled spheres. So my friend never wore it, for it was too much a treasure to risk its loss or damage.

Now I saw Odd's sacrilegious fingers reach toward it, watched him bounce it in the palm of his hand, drop it back in the box and turn to go. Then return. This time he swiftly retrieved the cameo and sneaked it into his pocket. My boiling first instinct was to rush out of the closet and challenge him; at that moment, I believe I could have pinned Odd to the floor. *But*—Well, do you recall how, in simpler days, funny-paper artists used to illustrate the birth of an idea by sketching an incandescent light bulb above the brow of Mutt or Jeff or whomever? That's how it was with me: a sizzling light bulb suddenly radiated my brain. The shock and brilliance of it made me burn and shiver—laugh, too. Odd had handed me an ideal instrument for revenge, one that would make up for all the cockleburs.

In the dining room, long tables had been joined to shape a T. Uncle B. was at the upper center, Mrs. Mary Taylor Wheelwright at his right and Mrs. Conklin at his left. Odd was seated between two of the Conklin sisters, one of them Annabel, whose compliments kept him in top condition. My friend had put herself at the foot of the table among the youngest children; according to her, she had chosen the position because it provided quicker access to the kitchen, but of course it was because that was where she wished to be. Queenie, who had somehow got loose, was under the table—trembling and wagging with ecstasy as she skittered between the rows of legs—but nobody seemed to object, probably because they were hypnotized by the uncarved, lusciously glazed turkeys and the excellent aromas rising from dishes of okra and corn, onion fritters and hot mince pies.

My own mouth would have watered if it hadn't gone bone-dry at the heart-pounding prospect of total revenge. For a second, glancing at Odd Henderson's suffused face, I experienced a fragmentary regret, but I really had no qualms.

Uncle B. recited grace. Head bowed, eyes shut, calloused hands prayerfully placed, he intoned: "Bless You, O Lord, for the bounty of our table, the varied fruits we can be thankful for on this Thanksgiving Day of a troubled year"—his voice, so infrequently heard, croaked with the hollow imperfections of an old organ in an abandoned church—"Amen."

Then, as chairs were adjusted and napkins rustled, the necessary pause I'd been listening for arrived. "Someone here is a thief." I spoke clearly and repeated the accusation in even more measured tones: "Odd Henderson is a thief. He stole Miss Sook's cameo."

Napkins gleamed in suspended, immobilized hands. Men coughed, the Conklin sisters gasped in quadruplet unison and little Perk McCloud, Jr., began to hiccup, as very young children will when startled.

My friend, in a voice teetering between reproach and anguish, said, "Buddy doesn't mean that. He's only teasing."

"I do mean it. If you don't believe me, go look in your box. The cameo isn't there. Odd Henderson has it in his pocket."

"Buddy's had a bad croup," she murmured. "Don't blame him, Odd. He hasn't a notion what he's saying."

I said, "Go look in your box. I saw him take it."

Uncle B., staring at me with an alarming

wintriness, took charge. "Maybe you'd better," he told Miss Sook. "That should settle the matter."

It was not often that my friend disobeyed her brother; she did not now. But her pallor, the mortified angle of her shoulders, revealed with what distaste she accepted the errand. She was gone only a minute, but her absence seemed an eon. Hostility sprouted and surged around the table like a thorn-encrusted vine growing with uncanny speed—and the victim trapped in its tendrils was not the accused, but his accuser. Stomach sickness gripped me; Odd, on the other hand, seemed calm as a corpse.

Miss Sook returned, smiling. "Shame on you, Buddy," she childed, shaking a finger. "Playing that kind of joke. My cameo was exactly where I left it."

Uncle B. said, "Buddy, I want to hear you apologize to our guest."

"No, he don't have to do that," Odd Henderson said, rising. "He was telling the truth." He dug into his pocket and put the cameo on the table. "I wish I had some excuse to give. But I ain't got none." Starting for the door, he said, "You must be a special lady, Miss Sook, to fib for me like that." And then, damn his soul, he walked right out of there.

So did I. Except I ran. I pushed back my chair, knocking it over. The crash triggered Queenie; she scooted from under the table, barked and bared her teeth. And Miss Sook, as I went past her, tried to stop me: "Buddy!" But I wanted no part of her *or* Queenie. That dog had snarled at me and my friend had taken Odd Henderson's side, she'd lied to save his skin, betrayed our friendship, my love: things I'd thought could never happen.

Simpson's pasture lay below the house, a meadow brilliant with high November gold and russet grass. At the edge of the pasture there were a gray barn, a pig corral, a fenced-in chicken yard and a smokehouse. It was the smokehouse I slipped into, a black chamber cool on even the hottest summer days. It had a dirt floor and a smoke pit that smelled of hickory cinders and creosote; rows of hams hung from rafters. It was a place I'd always been wary of, but now its darkness seemed sheltering. I fell on the ground, my ribs heaving like the gills of a beach-stranded fish; and I didn't care that I was demolishing my one nice suit, the one with long trousers, by thrashing about on the floor in a messy mixture of earth and ashes and pork grease.

One thing I knew: I was going to quit that house, that town, that night. Hit the road. Hop a freight and head for California. Make my living shining shoes in Hollywood. Fred Astaire's shoes. Clark Gable's. Or—maybe I just might become a movie star myself. Look at Jackie Cooper. Oh, they'd be sorry then. When I was rich and famous and refused to answer their letters and even telegrams, probably.

Suddenly I thought of something that would make them even sorrier. The door to the shed was ajar, and a knife of sunshine exposed a shelf supporting several bottles. Dusty bottles with skull-and-crossbone labels. If I drank from one of those, then all of them up there in the dining room, the whole swilling and gobbling caboodle, would know what sorry was. It was worth it, if only to witness Uncle B.'s remorse when they found me cold and stiff on the smokehouse floor; worth it to hear the human wails and Queenie's howls as my coffin was lowered into cemetery depths.

The only hitch was, I wouldn't actually be able to see or hear any of this: how could I, being dead? And unless one can observe the guilt and regret of the mourners, surely there is nothing satisfactory about being dead?

Uncle B. must have forbidden Miss Sook to go look for me until the last guest had left the table. It was late afternoon before I heard her voice floating across the pasture; she called my name softly, forlornly as a mourning dove. I stayed where I was and did not answer.

It was Queenie who found me; she came sniffing around the smokehouse and yapped when she caught my scent, then entered and crawled toward me and licked my hand, an ear and a cheek; she knew she had treated me badly.

Presently, the door swung open and the light widened. My friend said, "Come here, Buddy." And I wanted to go to her. When she saw me, she laughed. "Goodness, boy. You look dipped in tar and all ready for feathering." But there were no recriminations or references to my ruined suit.

Queenie trotted off to pester some cows; and trailing after her into the pasture, we sat down on a tree stump. "I saved you a drumstick," she said, handing me a parcel wrapped in waxed paper. "And your favorite piece of turkey. The pulley."

The hunger that direr sensations had numbed now hit me like a belly-punch. I gnawed the drumstick clean, then stripped the pulley, the sweet part of the turkey around the wishbone.

While I was eating, Miss Sook put her arm around my shoulders. "There's just this I want to say, Buddy. Two wrongs never made a right. It was wrong of him to take the cameo. But we don't know why he took it. Maybe he never meant to keep it. Whatever his reason, it can't have been calculated. Which is why what you did was much worse: *you planned* to humiliate him. It was deliberate. Now listen to me, Buddy: there is only one unpardonable sin—*deliberate* cruelty. All else can be forgiven. That, never. Do you understand me, Buddy?"

I did, dimly, and time has taught me that she was right. But at that moment I mainly comprehended that because my revenge had failed, my method must have been wrong. Odd Henderson had emerged—how? Why?—as someone superior to me, even more honest.

"Do you, Buddy? Understand?"

"Sort of. Pull," I said, offering her one prong of the wishbone.

We split it; my half was the larger, which entitled me to a wish. She wanted to know what I'd wished.

"That you're still my friend."

"Dumbhead," she said, and hugged me.

"Forever?"

"I won't be here forever, Buddy. Nor will you." Her voice sank like the sun on the pasture's horizon, was silent a second and then climbed with the strength of a new sun. "But yes, forever. The Lord willing, you'll be here long after I've gone. And as long as you remember me, then we'll always be together." ...

Afterward, Odd Henderson let me alone. He

started tussling with a boy his own age, Squirrel McMillan. And the next year, because of Odd's poor grades and general bad conduct, our school principal wouldn't allow him to attend classes, so he spent the winter working as a hand on a dairy farm. The last time I saw him was shortly before he hitchhiked to Mobile, joined the Merchant Marine and disappeared. It must have been the year before I was packed off to a miserable fate in a military academy, and two years prior to my friend's death. That would make it the autumn of 1934.

Miss Sook had summoned me to the garden; she had transplanted a blossoming chrysanthemum bush into a tin washtub and needed help to haul it up the steps onto the front porch, where it would make a fine display. It was heavier than forty fat pirates, and while we were struggling with it ineffectually, Odd Henderson passed along the road. He paused at the garden gate and then opened it, saying, "Let me do that for you, ma'am." Life on a dairy farm had done him a lot of good; he'd thickened, his arms were sinewy and his red coloring had deepened to a ruddy brown. Airily he lifted the big tub and placed it on the porch.

My friend said, "I'm obliged to you, sir. That was neighborly."

"Nothing," he said, still ignoring me.

Miss Sook snapped the stems of her showiest blooms. "Take these to your mother," she told him, handing him the bouquet. "And give her my love."

"Thank you, ma'am. I will."

"Oh, Odd," she called, after he'd regained the road, "be careful! They're lions, you know." But he was already out of hearing. We watched until he turned a bend at the corner, innocent of the menace he carried, the chrysanthemums that burned, that growled and roared against a greenly lowering dusk.